50

CW00376064

KILL THE RADIO
SEBUAH RADIO, KUMATIKAN

Dorothea Rosa Herliany

KILL THE RADIO
SEBUAH RADIO, KUMATIKAN

Poems

Translated by Harry Aveling
with an introduction
by Linda France

2007

Published by Arc Publications,
Nanholme Mill, Shaw Wood Road
Todmorden OL14 6DA, UK

Design by Tony Ward
Printed and bound in the UK by Biddles Ltd
King's Lynn, Norfolk

ISBN-10: 1 904614 11 6
ISBN-13: 978 1904614 11 1

ACKNOWLEDGEMENTS:
This book was first published in 2001 by Indonesia-
Tera in a bi-lingual edition dedicated by the author "to Harry
Aveling in gratitude for his faith in my poetry". Arc Publica-
tions would like to thank Dorothea Rosa Herliany, Harry
Aveling and IndonesiaTera for their help in preparing the
present edition.

The cover drawing is by Agung Kurniawan

The publishers acknowledge financial assistance
from ACE Yorkshire

LOTTERY FUNDED

Arc Publications Translation Series
Editor: Jean Boase-Beier

*I offer this book with all my love to
Regina, Sabina and Andreas.*

CONTENTS

Translator's Preface / 11
Introduction / 22

I
SECRET SEX TELEGRAMS (TELEGRAM GELAP PERSETUBUHAN)

28 / Surat Cinta • Love Letter / 29
30 / Episode Sebuah Serial Pop • Episode from a Pop Serial / 31
34 / Kota Sengketa • The City of Quarrels / 35
36 / Telegram Gelap Persetubuhan • Secret Sex Telegrams / 37
38 / Tembang Di Atas Perahu • A Song on a Small Boat /39
40 / Perempuan Berdosa • The Woman who Sinned / 41
42 / Perempuan itu Bernama Ibu • The Woman I Call "Ibu,Mother" / 43
46 / Hikayat Bulan • The Legend of the Owl and the Moon / 47
48 / Buku Harian Perkawinan • Wedding Diary / 49
50 / Elegi • Elegy / 51
52 / Surat Nadia • A Letter for Nadia / 53
54 / Surat Jennifer • A Letter for Jennifer / 55
56 / Surat Julia • A Letter for Julia / 57
58 / Surat Lorena • A Letter for Lorena / 59
60 / Kartu Pos Belasungkawa • Sympathy Card / 61

II
KILL THE RADIO (SEBUAH RADIO KUMATIKAN)

64 / Sebuah Radio,Kumatikan (2) • Kill the Radio (2) / 65
66 / Sebuah Radio, Kumatikan (9) • Kill the Radio (9) / 67
68 / Sebuah Radio, Kumatikan (21) • Kill the Radio (21) / 69
70 / Sebuah Radio, Kumatikan (22) • Kill the Radio (22) / 71
72 / Sebuah Radio, Kumatikan (23, kepada XG) • Kill the Radio (23, for XG) / 73
74 / Sebuah Radio, Kumatikan (24) • Kill the Radio (24) / 75
76 / Sebuah Radio, Kumatikan (25) • Kill the Radio (25) / 77

III
TALKING TRASH (SAMPAH KATA-KATA)

80 / Sampah Kata-kata • Talking Trash / 81
82 / Para Pemimpin dari • The Leaders of a Non-
Negeri Bukan Dongeng Mythical Nation / 83
84 / Sungai • River / 85
86 / Simphoni Tanpa Warna • Uncoloured Symphony / 87
88 / Jalan Buntu Segala • The Winding Road to
Simpang Nowhere / 89
92 / Dunia Menuju Sekarat • The World moves towards
its Death Throes / 93

94 / Sebuah Lukisan Surealis • A Surrealist Painting / 95
96 / Hari Makin Tinggi • Late Afternoon / 97
98 / Suatu Hari Bulan Juli • One Day in July / 99
100 / The Great Imagination • The Great Imagination / 101
102 / Sebuah Sajak Air Mata • A Poem of Tears / 103
104 / Obsesi Hitam Putih • An Obsession in Black and
White / 105

106 / Kekosongan • Emptiness / 107
108 / Ziarah Batu • A Pilgrimage to a
Rocky Place / 109

110 / Filmfilm Bisu • Silent Movies / 111
112 / Memo: Rumah Batu • A House of Rock / 113
114 / Rumah Kertas • Cardboard Houses / 115
116 / N. B • P. S / 117
118 / Banyak Simpang, • There are Many Paths in the
Kota Tua: Melankolia Old City of Melancholy / 119
124 / Jalan Pulang • The Road Home / 125
126 / Pidato: Nol • No Speeches / 127
128 / Tentang Dua Orang Tua • About Two Old Men / 129
130 / Indonesia, Suatu Hari • One Day in Indonesia / 131
132 / Jakarta, Suatu Hari • One Day in Jakarta / 133

Biographical Notes / 135

SERIES EDITOR'S NOTE

There is a prevailing view of translated poetry, especially in England, which maintains that it should read as though it had originally been written in English. The books in the 'Visible Poets' series aim to challenge that view. They assume that the reader of poetry is by definition someone who wants to experience the strange, the unusual, the new, the foreign, someone who delights in the stretching and distortion of language which makes any poetry, translated or not, alive and distinctive. The translators of the poets in this series aim not to hide but to reveal the original, to make it visible and, in so doing, to render visible the translator's task too. The reader is invited not only to experience the unique fusion of the creative talents of poet and translator embodied in the English poems in these collections, but also to speculate on the processes of their creation and so to gain a deeper understanding and enjoyment of both original and translated poems.

Jean Boase-Beier

DOROTHEA ROSA HERLIANY: "KILL THE RADIO"

Dorothea Rosa Herliany is one of the most important contemporary poets writing in Indonesia. This volume presents a selection of her recent verse in the original Bahasa Indonesia and in English translation, as a step towards making her work better known abroad.

Dorothea was born in Magelang, Central Java, in 1963, the fourth of six children. She completed her secondary education at Stella Duce College, Yogyakarta, where she first began to write at the age of sixteen. Subsequently she continued her studies in the Indonesian Language and Literature Department of the Catholic teachers college (now University) Sanata Dharma in the same city, graduating in 1987. Her first volume of poetry, *Nyanyian Gaduh* (Noisy Songs), was published in that same year and has been followed by seven other volumes: *Matahari yang Mengalir* (The Sun Flows like a River) (1990), *Kepompong Sunyi* (The Lonely Cocoon) (1993), *Nikah Ilalang* (Married to the Grass) (1995), *Mimpi Gugur Daun Zaitun* (Dreams of Falling Olive Leaves) (1999), *Kill the Radio: Sebuah Radio Kumatikan* (2001), *Life Sentences: Selected Poems* (2004), and *Santa Rosa*: *Saint Rosa* (2005). Beside poetry, she also writes short stories, essays, and art and drama criticism.

Dorothea is typical of the second generation of Indonesian writers which emerged after the mid-1980s during the New Order of President Suharto. Suharto first came to power in 1966, long after Sukarno's declaration of Independence in 1945. This newer generation knew little of the colonial Dutch civilisation and were a generation removed from the revolutionary ardour of the foundation of the nation. To be "Indonesian" was their natural right. They were born and educated in the regions outside of Jakarta and have chosen to remain there. They were educated in the Indonesian language, usually through to the tertiary level. The literature on which they had been raised, and to which they were to contribute, was also literature written in Indonesian. Religion formed an important, and natural, part of their development.

This present collection, *Kill the Radio*, contains a range of poems, most of which have been published in the public press. Many of them are personal, with a decidedly feminist edge to them. Others grow from Dorothea's experience of, and concern for, an Indonesia undergoing rapid social and political change during the last five years of the 1990s.

The personal poems stand in stark contrast to the conventions commonly used by Indonesian writing in this area. Most often, literary expressions of romantic love (almost always written by men) have tended to emphasise mutual faithfulness and the naturalness of a "complementary" relationship based on masculine power and female subordination. A simple (and very elegant) example of this approach is to be found in Rendra's "Serenada Hijau" (written in 1958):

Kupacu kudaku.	*I spur my horse*
Kupacu kudaku menujumu.	*Spur him towards you.*
Bila bulan	*The moon*
menegur salam	*Greets me*
dan syahdu malam	*And the clear evening*
bergantung di dahan-dahan.	*Hangs from the branches.*
Menyusuri kali kenangan	*Along a river of memories*
yang berkata tentang rindu	*All I hear is desire*
dan terdengar keluhan	*And the soft moans*
dari batu yang terendam.	*Of stones buried in the water.*
Kupacu kudaku.	*I spur my horse.*
Kupacu kudaku menujumu.	*Spur him toward you.*
Dan kubayangkan	*And I can almost see you*
sedang kau tunggu daku	*(While you await me)*
sambil kau jalin	*Braiding*
rambutmu yang panjang.	*Your long hair.*[1]

Here it is the man who is actively seeking, and the woman who is patiently adorning herself while waiting for him to possess her. He is powerful, she is powerless.

Dorothea's poems reject these assumptions. Instead, her writing presents a full-blooded, determined woman, demanding far more than mere complementariness: she wants equality, and per-

---

[1] From *Empat Kumpulan Sajak* (Pembangunan, Jakarta 1961). Translation by Burton Raffel. In *Rendra: Ballads and Blues*, edited and translated by Burton Raffel and Harry Aveling, Oxford University Press, Kuala Lumpur 1974, p. 50.

12

haps even dominance. The poem "Wedding Diary", for example, begins not with a commitment, as one might expect of a wedding poem, but a refusal: *"when i married you, i never promised to be faithful"*. It explicitly reverses the unspoken contract of female subordination. The poem continues: *"in fact, you"*, the husband is reminded, *"agreed to be my slave."* Then it further describes the marriage bed as a place of rocks and weeds, the source of violent wild beasts, created for his destruction. There is indeed surrender:

> *teach me how to shape the walls*
> *in my house without doors. imprison my surrender*
> *which you read as you please.*

But this contained surrender becomes the means of creating resistance:

> *i became the leader of my pack of wild animals*
> *– they are eager to see you*
> *laid out on the breakfast table.*

And it leads, in fact, to a raw sexuality centered on the narrator's own erotic pleasure:

> *let me embrace you now,*
> *before i finally*
> *satisfy*
> *my hunger!*[2]

Unlike Rendra's delicate language and abstract imagery, Dorothea's writing deliberately uses rough, violent words, as she is determined to reverse normal unthinking expectations and to shock the reader into a contemplation of the power dimensions of the marriage contract.

In other poems, threats of assault and even castration are regularly present as means of defence of the female body. "The Legend of the Owl and the Moon" touches on an old myth which explains why the owl hoots at the moon – they are lovers, separated by fate. Dorothea's poem on this theme questions this passive female acceptance of suffering. It ignores the owl and asks the moon:

[2] Translation first published in the literary section of *The Age* (Melbourne), Saturday 21 October 2000.

why don't you scream and resist this arrogance.
there is no virtue in your modest surrender.

fetch your bayonet, and castrate all the men who oppress you
– in a single whisper, kill them all!
then throw them away as if they were trash!

If the old myths are hurtful to women, then "Elegy" insists, one of the writer's aims must be:

to write other poems
with new words. to create new myths.
to give you a different history.

The new history will provide a new empowerment. Power, as the late French philosopher Michel Foucault has emphasised, is "multivalent": it is not one dimensional, reaching down, but can begin anywhere, and reach in any direction. Power is not a thing, but a characteristic of each and every relationship.[3] In a strongly patriarchal society, in which the norms of feminine subordination are sanctified by the strictures of religion, such rage and aggression as we find in these poems is remarkable. Indeed, for many readers, not only Indonesian readers by any means, these emotions are extremely exciting and offer them a previously unknown potential for liberation.

Yet there is a reverse side to this process of realigning the flow of power within personal relationships. In a complex psychological dynamic, adultery can lead to guilt and disappointment in which aggression is turned inwards, back against the poetic narrator. The first poem in this collection, "Love Letter", sets out a paradoxical aim: "*a pretty act of betrayal*", the result of an attempt "*to satisfy a simple desire*". The consequence of this defiant attempt to actively seek love beyond the borders of what is socially approved is an overwhelming awareness of failure and of the unsatisfactoriness of what finally turns out to be merely an act of self-deception. The subject of "The Woman who Sinned", too, is burdened by her own "*sin*" and feels herself the victim of the many men who crawl arrogantly across her belly, rejoicing in their conquest of her.

In these poems, to want to love beyond what society and religion allows turns out to be no more satisfactory than being the

[3] See Foucault's 'Two Lectures' in (ed.) C. Gordon: *Power / Knowledge*, Pantheon Books, New York 1980, especially pages 96-99.

object of other people's wantings, because it does not generate personal power but, in fact, destroys it. These poems are as depressing as the others are exciting. At first glance, there would seem to be no escape from these two extremes.

But there is a middle way between active anti-masculine attack and passive self-punishing guilt. In Part Two, "Kill the Radio", the series of poems which gives the volume its title, serves to present a third choice.

The keyword in these poems is *"kita"*, the first person plural pronoun "we", which includes the person being spoken to. A good example of this attempt to blend differences into unity without sacrificing one's own integrity or attempting to conquer the other can be found in Fragment 22 of the series "Kill the Radio":

someone sent you a garland of grief: sweet sorrow slipped through
the lock on the window, or the sharp whisper of the wind,
or in some other way – each flower gray like a corpse.
someone spoke to you through the beating of your heart.

we sat, arms folded, some old longing flowing through our muddy blood
through the screams and moans caught behind our closed eyes.
followed by a tiny cough. i wiped the sweat from your neck.

i brought you a basket of confused love, filled with faded leaves.
you accepted whatever, however it came, through the keyhole
or your breathing: a silent humming
far into the night, before the windows closed again.

someone sent sweet words, and all sorts of nonsense
to fill the empty hours.

The relationship is far from clear. The lovers approach each other uncertainly, *"arms folded"* [5]. There is pain and difficult longing, *"screams and moans"* remain caught behind closed eyes. But there is also mutual concern, together with an offering of self and an acceptance of the other. The radio, in this poem as in the others, func-

---

[4] In common use, the Indonesian phrase simply means: "turn off the radio". "Kill" is a dead metaphor, although parallel to the theatrical phrase in English: "Kill the lights!"
[5] The verb used is *"bersidekap"*. Interestingly, it conceals a cognate *"dekap"*, which can mean "to embrace". The word *"keranjang"* (basket) a few lines further down also conceals the word *"ranjang"*, meaning "bed".

tions as a symbol for the meaninglessness which constantly assaults individuals from the world around them. The couple, however, have a choice. Their being together is in itself deep intimacy. As Fragment 2 concludes:

> *after the first song finished, we turned off the radio and enjoyed*
> *the silence. it was easier than staring at the reality*
> *wide-awake all around us: as we waited*
> *for dishonest hands to stitch the shreds together again.*

There are indeed, as the title of one poem suggests, "Many Paths in the Old City of Melancholy". Patience and love may well compensate for personal uncertainty, on the one hand, and a vigorous outgoing imagination, on the other.

THE POLITICAL DIMENSIONS OF POWER

The political dimensions of power form a second important aspect of the poems in this collection and find their place naturally among the more personal poems. (Note the dedication of Fragment 23 of the "Kill the Radio" series to "XG", Xanana Gusmao, the then imprisoned leader of the struggle to free East Timor from Indonesian control.)

Some of the poems in Part Three, "Talking Trash", emphasise the increasing constraints of the lack of free speech which marked the New Order. They note how hard it was under the many restrictions then in force (including the threat of arrest and imprisonment) to express personal opinion, and affirm a belief in poetry as a way of still speaking the personal and the ethical in a state which had grown authoritarian and corrupt.

> A PILGRIMAGE TO A ROCKY PLACE
> — *To our Orators*
>
> *stones speak in silence,*
> *hard in the roaring, aimless currents,*
> *wounds form in the air, blood flows,*
> *dripping for hundreds of years, sweeping away*
> *the sweat of our silent consciences*
>
> *rocks speak in cold words,*
> *squeezing thousands of years of longing*
> *into hard shapes, searching for room*
> *in the emptiness filled with the harsh breathing*

16

of wild animals,
searching for land
in a small space within the soul.

i choose the language of rocks
as a way of breaking
the arrogance of your being.

Others deal with specific political events, most particularly the "affair of the 27th July" 1996, when Suharto authorised an attack on the headquarters of the Indonesian Democratic Party in an attempt to remove Megawati Sukarnoputri from the leadership of that Party. Although she was not directly involved in this event, Dorothea witnessed the surrounding melee from the nearby Jakarta Arts Centre, Taman Ismail Marzuki, and saw soldiers beating even defenceless women students. In the ensuing riots, thirty people were killed, a hundred persons arrested, and scores of homes and vehicles burned.

ONE DAY IN JULY
  – July 27, Jakarta

suddenly i was drowning
among thousands of people
i ran in every direction
enclosed by sorrow, trembling each moment,
feeling silent and empty inside

i couldn't do anything: i should
have wept but couldn't,
grief wound its chains
tightly around me

i couldn't say how sorry i felt
i couldn't sing,
i could only pray
among the anxious houses of fear and hope

   Taman Ismail Marzuki, 1996

Megawati Sukarnoputri, daughter of Sukarno, had been legally elected head of the PDI in November 1993 and later displaced by an

---

[6] Clifford Geertz: "Indonesia: Starting Over", *The New York Review of Books*, May 11, 2000, p. 24.

"army-backed puppet"[6]. This poem was written for Megawati at the time of the attack on the PDI headquarters:

A POEM OF TEARS

so things have come to this,
it no longer matters whether we weep or laugh,
it is all the same. we live among thousands
of fossils, clowns from an age long gone,
the death of the past is hidden
by this century's jokes.

surely you can say nothing,
but it wouldn't matter anyway,
the air is full of nonsense,
we can only choose to listen in silence,
and stammer, to forget our convictions,
no longer trust the language of our hearts,
to hate the foolishness we see in our mirrors
and in the pictures of ourselves.

surely there is nothing to weep for.
why should you? It is clear
that we no longer believe
in tears.

Taman Ismail Marzuki, July 1996

Finally there are poems which deal with the personal influence and fall of Suharto. Some are immediately recognisable commentary. The following poem describes the almost anti-climax of Suharto's resignation on the 21st May 1998, as he briefly stepped up to a microphone within the presidential palace, read a short statement, then watched as Habibie took the oath of office as the new President:

ONE DAY IN INDONESIA

a radio broadcast, morning, newspapers on the table:
i heard nothing, read nothing. the telephone rang
the postman came.
then i broke all my mirrors
i burnt my address books and my business cards.

life moved from sunshine to shadow.
from wakefulness to the world of dreams.

18

forming boring lines of notes.
pages of trash not worth keeping.

life was a simple, plain dream.
short and filled with troubles. strange
fears, foolish deeds.

you were aware of almost nothing
in the world where you lived
your life was a brief tale
which interested no one.

In others, the political allusions are barely recognisable, The poem "Uncoloured Symphony" requires a knowledge of the very extensive use of the colour yellow by the government political party, Golkar, which Suharto manipulated to dominate Indonesia through the electoral process:

the old man, frail and weak, still eagerly searches
and runs, he writes legends and epics, old
poems, full of sorrow and hope,
composes long cold melodies.
he drew a very bad picture of the sun
on top of my house. and he painted the sky
yellow, not blue!

The poem "About Two Old Men" deals with both Suharto and the future president, Abdurrahman Wahid. It does recognise the early achievement of Suharto in attempting to set the nation back on the path to healthy development after the poverty and jingoism of the late Sukarno era. But it ultimately concludes that *"thirty years"* (Suharto was acting president and president from 1966 to 1998) was simply *"a long time to tell lies."*

The description of the man commonly referred to as "Gus Dur" is not intended to be photographic:

the other man was thin and stooped. he was deaf and dumb. but
i could see that his eyes still shone. thousands of arrows rained down
on my silent heart. but he was protected by his cover of velvet mist.

Literally, Gus Dur may not have been *"deaf and dumb"* (although his stroke certainly left him severely impaired). Dorothea is, however, speaking metaphorically, suggesting that he was "deaf" to

19

the demands of his people and therefore unable to articulate their needs ("dumb").

The poem ends with a sense that the two men are far from being antagonists, but also with a hope for the new president:

> the two old men walked together, side by side. the roads
> led in many directions. they walked into the fog. the dark. reaching
> for the sky. i felt sorry for the thin, stooped man,
> who was deaf and dumb, because i knew he could see
> other winding roads filled with sunlight. he was silent
> and used the grass of his restlessness to mend his patience.

For Gus Dur to achieve his aims, one thing was necessary:

> i waited for them to come back.
> to leave their friends. to forget their allegiances.
> to forsake the mist and the empty sky.

The symbols of *"mist and the empty sky"* are as indicative of the failure of these major Indonesian politicians to confront the reality of their nation as are the literal descriptions in the previous line of their cronyism and commitment to ideals ungrounded in the world around them.

Conclusion

In these poems, one must know how to read meanings which are sometimes obvious but at other times often lie hidden just below the surface. While speaking on her own work at the University of Western Australia in August 2000, Dorothea said:

> I must also immediately remind you that no matter how tightly connected a work of literature may be with its surrounding time, place and reality, it is never a faithful photocopy or reproduction of its environment. The reality of a work of literature is not factual reality but a fictional form of imaginative reality. And the reality of a work of literature will always create new realities when a reader enjoys it through her own worlds of experience and thought. Which is to say as well that literature is always a realm of symbols which opens itself and ourselves up to various different interpretations. The reality contained in my poetry is a transitory reality, which readers are free to use to create their own reality.

Dorothea Rosa Herliany's visit to Australia was funded by the Australia Indonesian Institute, Canberra, and arranged by the Asialink Foundation, Melbourne. The translations were undertaken while she was Indonesian Writer in Residence at La Trobe University. I have learned much about Indonesia and Indonesian literature by working together with her and am grateful to the above institutions for this opportunity to share the writing of this outstanding young writer with English speaking readers.

Harry Aveling

INTRODUCTION

Dorothea Rosa Herliany's poetry embodies the classical feminist formula – 'the personal is political', making it clear that the reverse is just as true. Her poems take politics personally and bravely reveal the risk in that.

The energy and violence expressed in the title of the collection runs through the work like a ruptured vein, fragile and vulnerable but necessary for survival. The destructiveness and chaos of the outside world broadcast on the radio summons a reaction of echoing violence, filtered through irony. Many of the poems use this mirroring effect, the consciousness of the individual poem reflecting back what it sees and experiences. The 'Self' contained in the poems is ill at ease, often 'trapped', 'always hurrying... searching and never finding'. Underneath this troubled surface there is so much tenderness and openness, in shocking contrast to the 'Other', represented by the world of politics and war, that the speaker of the poems is aware she is in danger of annihilation. She finds herself exposed in a place of emptiness, alienation and despair:

> i search for a mirror in which to record my life
> and find nothing
> only an emptiness which slips through my hands:
> searching for questions
> and answers
> within myself, somewhere.

Even words, poetry itself, fail her. They are unable to tell the truth and become further agents of damage and confusion. The relationship is deeply ambivalent: sometimes language is nothing but 'trash'; sometimes it is all the poet has to hold onto, to seek some guidance through the dark dangerous places, both inside and outside her psyche.

> in my poetry, I build myself a small house
> where my conscience can live.

In the end it is 'conscience' that proves the most reliable support, a strong individual sense of what is right despite everything that is happening around her. There is immense courage in the deep acceptance of worldly conflict and romantic disappointment. Herliany's poems are written from a woman's perspective but they speak about the human condition. How do we reconcile opposites and come to terms with a dualistic, divided world? Admitting the fact of it and the appropriate despair, although disagreeable and unfashionable, is the first step. In these poems, emptiness is honoured as a true expression of the way things are.

The apparent simplicity of the poems is deceptive. There is an almost liquid intensity in the lines and rivers flow through many of the pages. The bare elements of the physical world counterpoint the harder-edged man-made references and the consistent lower case 'i' tries to navigate a path between them. The space she makes her own is a true no-man's land. There she finds the sadness of aloneness but also its strength, revealed in writing more existential than lyrical. The reader is witness to the arguments she has with herself, the teasing out of bitter truths, hard-won realisations.

Again and again time is referred to as an oppression, something to be suffered and simply acknowledged:

i have travelled this road for centuries:
the days on the calendar roll forward
from one disappointment to another.

Herliany understands the weight and price of time passing when the vision is clear. This is emphasised by her practice of giving every poem a year and a place.

Since its flowering in the 1970s, there has been an insidious muffling of feminism in the West, a deep confusion arising from the lie that on many levels women have achieved a satisfactory equality. It used to be more widely recognised that the personal is political, and vice versa; also that resistance is possible, a clear-eyed, open-hearted refusal to play the game. It is refreshing, although painful, to be reminded of it in Dorothea Rosa Herliany's work. There are no formulas for healing the deep divisions in society and in ourselves but the poet can at least offer some of the resources available to us – intelligence and endurance, honesty and courage.

Linda France

KILL THE RADIO

I

SECRET SEX TELEGRAMS
TELEGRAM GELAP PERSETUBUHAN

SURAT CINTA

kuputuskan sesobek pengkhianatan yang cantik,
saat aku mesti tinggal untuk sebuah nafsu.
dengar dengusnya, seperti ombak yang keras
menghantam kekokohan. tapi halus bagai kebenaran.

biarlah kunikmati. kubasuh untuk kegelisahan
dan kesangsian atas cinta. tapi kesadaran
kadang lebih buruk, tapi suci. sebab atas nama ia
kulihat alangkah sombongnya kekecewaan.

jakarta, 1998

28

LOVE LETTER

i decided on a pretty act of betrayal,
when i set out to satisfy a simple desire.
my breath was like a wave on the beach
pounding against arrogant rocks.
as soft as truth itself.

i decided to enjoy it. i scrubbed away
my doubt and uncertainty about love.
but sometimes awareness is ugly,
even when it pretends to be pure.
and awareness showed me too
how fierce disappointment can be.

jakarta, 1998

EPISODE SEBUAH SERIAL POP

aku bahasakan cinta dengan susu terbuka
gaun terlalu pendek – dan robek bagian muka
dan pandangan memanggil yang memabukkan
menyergap kekosongan otakmu yang seharian
dijejali berita koran: tentang rahasia umum
segala kebohongan manusia...
lalu sebelum ada yang dipotong, terlebih dulu
kau mentertawakan dirimu sendiri
yang kotor oleh pikiran buruk.

di sini, kau dengar musik aneh
yang memangkas adegan demi adegan
dengan jari-jari halus menggurat nuranimu
: ketika dari ruang entah mana
anakmu merengek sebab film kartun kesayangannya
ditunda siaran sentral. lalu tibatiba setelah usai,
melihat ibunya telanjang
dikerumuni semutsemut dan rayap
yang kaupelihara di ruang otakmu.

tetapi nikmatilah. sebagaimana kita
bercinta di kamar rahasia.
tak ada lubang dinding untuk bisa diintip.
segalanya bebas dan lepas. tidak hirau oleh derak
sepatu dekat pintu, atau obrolan tetangga tentang
gosip politik.

tapi hidup tidaklah serumit gosip politik.
tak lebih dari sekadar keluarga berantakan
dengan rumah mewah, hidup serba kecukupan,
dan konflik yang tidak beranjak dari ukuran pasar.
tarif iklan, dan rating yang bagus.
selebihnya wajah cantik dan susu terbuka.

EPISODE FROM A POP SERIAL

i talk of love with one breast exposed,
wearing a micro-miniskirt slit up the front,
and an insistent, intoxicating gaze
which attacks your stupid mind every day
as you listen to the news: public secrets
about human deceit...
then, before the censor intervenes,
you laugh at yourself
and your own dirty mind.

now, strange music
separates one scene from another
as slender fingers scratch away at your conscience:
suddenly, from some unknown room
your children scream
because their favorite cartoon
has not been relayed
to the provinces. as they leave
they see their mother naked,
covered with ants and termites,
the ones you hide in your brain

enjoy yourself. in the same way
that we made love in a secret room
where no one could spy on us through a hole in the wall.
free and easy. unconcerned about footsteps near the door,
or the neighbours gossiping about politics.

life is simpler than politics.
this is about broken families,
with expensive houses, living in luxury,
and conflict based around market values.
the price of advertising, and top ratings.
the rest is pretty faces and bare breasts.

nikmatilah sebagaimana kita duduk
di ruang prasmanan sebuah pesta.
tidak hirau oleh derak panggung dan gaduh
musik. tidak juga hirau pada hasil penelitian
tentang kemiskinan yang menyedihkan.

toh hidup tidaklah serumit kemiskinan.
melainkan segala omongkosong
yang berubah menjadi legenda.

engkau mencari tempat
di antara ruang yang terbuka,
ketika rahasia
tak lagi sesuatu yang berharga untuk dijaga.
engkau berdiri: lalu menjadi sadar
untuk menangis pun
ternyata sesuatu yang harus dilakukan
untuk menjadikan semua terhibur.

februari, 1998

enjoy it in the same way
you would sit near the buffet at a party.
undisturbed by the squeaking stage
and the noisy music. forget about
the studies of terrible poverty.

life is less complicated than poverty.
this simply turns nonsense
into legends.

you look for a place
in the open rooms
where there are no more secrets worth saving.
as you stand, you realise
that if you tried to cry
something would have to be done to turn your grief
into yet another form of entertainment.

february, 1998

KOTA SENGKETA

dari sebuah gang tikus, aku masuki hotel murah
: tak disediakan rasa aman. tak ada mimpi
dan kantuk yang nikmat.
pikiran aneh berjejalan di antara rasa capek
dan carutmarut kalimat kotor di tembok kusam.
(kadangkala kukenang kenakalan kecil wanita setengah cantik
– masih cukup muda – dengan keluarga sederhana
menunggu di rumah).
kutinggalkan kebahagiaan rumah tak gaduh.
menjauh dari keyakinan kecil tentang cinta yang tak ingkar
– untuk sebuah kesenangan kecil.

di dompet masih bisa kutengok potret anakku
dan sesobek foto keluarga.
kunikmati impian hidup sederhana di kampung berjejalan.

kupikir kota ini tak terlalu buruk: masih ada kehidupan
di antara pesanpesan para pezinah. engkau juga
masih punya tempat untuk menipu dan sedikit mencuri.
adakalanya juga masih tersedia banyak alasan buat merampok,
membunuh, atau apa saja – dan di setiap sudut toko dijual
diktat dan kalender masa lalu yang berjejal pada
deretan poster dan almanak.

kota ini tak terlalu buruk. menjadi jagoan
atau penjahat sama saja.
tidak terlalu repot mematutmatut diri.
hidup terlampau sederhana
– tak perlu mesti bermimpi.

jakarta, 1999

THE CITY OF QUARRELS

the cheap hotel is located in a lane where the rats live.
when i enter, no peaceful feeling awaits me, no dreams,
no pleasant sleep.
strange thoughts crowd together between the sense of weariness
and the scribbled dirty words on the shabby walls.
(now and then i recall the small transgressions of half beautiful women
– still young enough – with their ordinary families
waiting for them at home).
i have left the happiness of my tranquil home
and turned my back on tiny convictions about true love
– for this small pleasure.

in my purse i carry a picture of my children
and a faded family photograph.
i think of the simple dreams of the people
living in the suburbs around me.

i don't think the town is too bad at all: life goes on
between the messages sinners send to each other. you too
have somewhere where you can lie and commit your acts
of petty theft. sometimes there are many reasons to steal,
to kill, to do whatever – and the shops are full
of text-books and old calendars, side by side
with rows of posters and last year's almanacs.

the city is not too bad. you can be a hero here
or a criminal.
you don't need to dress up.
life is very simple
– it is better not to dream.

jakarta, 1999

TELEGRAM GELAP PERSETUBUHAN

kukirim telegram cinta, untuk sesuatu yang deras, mengalir ke ubun,
yang ganjil, yang kucari dalam ledakanledakan. yang kutemukan
dalam kekecewaan demi kekecewaan.

kukirim beratus teriakan kecil dalam gelombang takberpintu.
membenturbentur dinding dan kesangsian. kuberikan berdesimal
ciuman bimbang. sampai hangat membakar dari mata terpejamku.

kukirim sebaris telgram cinta: lewat lelehan keringat dan
dengus nafas liarku. yang menyisakan sebaris kalimat bisu
dalam gelembung racun kebencian.
dan setelah itu kutulis cerita cabul yang memualkan,
tentang seekor kelinci lemah berbaju gumpalan daging
dalam sederet langkah "the man with the golden gun".
kukirim ke alamat persetubuhan paling dungu.

mengapa kaukutuk kesenangan kecil ini. sambil kausembunyikan
lolongan anjing dan ringkik kuda sembrani dalam berhalaman kitab
atau berbaris grafiti di dinding luar menara.

diamlah dalam kelangkangku, lelaki.
sebelum kaukutuk sebagian fragmen dalam cermin bekumu,
sebelum aku menjadi pemburu sejati: untuk membidikkan panah
yang kurendam racun beratus ular berbisa.
dan kibas jariku melemparkan bangkaimu
ke lubuk senyum nikmatku paling dungu.

februari, 2000

SECRET SEX TELEGRAMS

i sent you telegrams of desire, some powerful current flowed to the brain,
somehow, i searched for love in one explosion after another.
i found one disappointment after another.

i sent hundreds of tiny screams into the closed waves.
they beat against the walls and my doubts. i gave you
millions of uncertain kisses. fire flowed from my closed eyes.

i sent you a sheaf of loving telegrams: in my sweat
and wild breathing. all that remained was a row of unspoken sentences
and bubble upon bubble of poisonous hatred.
then i wrote a disgustingly obscene story
about a gentle rabbit dressed in flesh
and the passage of "the man with the golden gun".
i sent it to the scene of the most stupid sex possible.

why should you curse this tiny pleasure. especially as you hide
the barking of dogs and the shrill whinny of horses
between the pages of your scriptures
and in the graffiti written on the walls of your temples.

rest in my crotch, little man.
before you curse a corner of your cold mirror,
before i hunt you down: before i kill you
with my arrow soaked in the poison of hundreds of snakes.
then, with a flick of my finger, throw your body
into the smiling hole of my most stupid pleasure.

february, 2000

TEMBANG DI ATAS PERAHU

seperti di atas perahu kecil sendirian
aku terombangambing ombak kecil dalam tubuhku
jika aku terlelap, kumimpikan pangeran dengan jubah berderai
dan rambut mengurai beribu kalimat dengusnya yang dusta.
kulihat pancuran dari pedangnya yang panjang dan gagah.
kutiup terompet gairahku dalam tetembangan dari tanahjauh.
alangkah ngelangut. alangkah deras rindu tanpa alamat.
alangkah sunyi dan palsu impian.

seperti di atas perahu kecil sendirian
aku terjaga. tak teratur nafasku. mencari beribu nama
dan alamat. dalam berjuta situs dan milyaran virus. berbaris
ceritacabul dan pesanpesan asmara yang memualkan.

aku sendirian, seperti lukisan perempuan di depan jendela
: memandang laut biru di batas langit. sambil membendung
badai dan ombak yang mengikis karangkarang.

februari, 2000

A SONG ON A SMALL BOAT

as if i were alone in a small boat,
i rock back and forth on the tiny waves in my body.
while i sleep i dream of a prince in a shining robe
his flowing hair filled with a thousand dishonest breaths.
his long brave sword dazzles my eyes.
i blow the trumpet of my passion and play songs from a far-off land.
waiting sadly. urgently wanting something i do not know.
how lonely and false are all my dreams

as if i were alone on a small boat
i lie awake. my breathing is irregular. i am searching for
a thousand names and addresses. a million sites and a billion viruses.
volumes of obscene stories and revolting messages from lovers to each other.

i am alone. like the painting of a woman, sitting in front of a window,
staring at the blue sea on the horison. and holding back
the storms and the waves which smash against the coral reefs.

february, 2000

PEREMPUAN BERDOSA

perempuan itu memikul dosa sendirian, seringan jeritannya
yang rahasia: berlari di antara sekelebatan rusa yang diburu
segerombolan serigala.
kautulis igaunya yang hitam, mengendap di bayang dinding
tak memantulkan cahaya.

perempuan itu melukis dosa yang tak terterjemahkan
ia tulis rahasia puisi yang perih dendam dalam gesekan rebab.
lalu ia hentakkan tumit penari indian yang gelap dan mistis.

segerombolan lelaki melata di atas perutnya.
mengukur berapa leleh keringat pendakian itu.
sebelum mereka mengepalkan tinjunya
ke langit. dan membusungkan dadanya yang kosong:
mulutnya yang busuk menumpahkan ribuan belatung dan ulatulat.

perempuan itu membangun surga dalam genangan airmata.
menciptakan sungai sejarah: sepanjang abad!

februari, 2000

THE WOMAN WHO SINNED

the woman bears her own sin. it is as light as a hidden
scream: she runs among a herd of deer
fleeing from a pack of wolves.
you write of black nightmares, settling on the shadows of a wall
reflecting absolutely nothing.

the woman writes of sins which cannot be translated.
she writes bitter secret poems hidden in the sweep of the violin
then makes a dark mysterious indian dancer stamp her foot down hard.

a flock of men crawl across her belly
measuring the sweaty effort of their ascent
before they thrust their fists
into the air. and puff out their empty chests:
their stinking mouths spew out thousands of maggots and caterpillars.

the woman builds heaven in a pool of tears.
she shapes history's river: a century long.

february, 2000

PEREMPUAN ITU BERNAMA IBU

kupanggil ia ibu seluruh waktu,
perempuan dengan kebaya di ladang.
menanam benih berabad menyebar dan menuai,
tak mengerti mengapa tak menolak segala,
mengapa menggigil dalam igau dan tak meronta.

ibu yang tak membaca buku-buku
dan tak menonton iklan layanan.
berdiri di luar gedung pertemuan
dan tak terlihat di antara kerumunan unjukrasa.

ia sendiri membajak sawah,
menyebar benih dan menuai kesunyian.

berabad kupanggil ia ibu kesunyian.
mengeja erangan sendiri yang bisu dan kosong,
membaca dongeng lelaki yang menempelkan dengus di zakarnya.

ibu yang tak menangisi kekecewaan
menerima dengan dekapan tulus
dengan pangkuan hangat
sepuluh Rahwana yang memburunya.

kupanggil ia ibu
perempuan yang menyimpan satu birahi untuk Rama yang menolaknya.
menerima kobaran api dan rintihan yang mengalirkan kesucian cinta.

berabad kupanggil ia ibu,
yang sendirian dan menangis.

menanti benihbenih berabad tak tumbuh menjadi kehidupan
ilalang liar dan gundukan tanah dengan rumput
kering. kupanggil ia ibu yang berias daun bayam
menanak tiwul untuk seratus bocah lapar
dan memulas dahaga dengan harum keringatnya.

THE WOMAN I CALL "IBU, MOTHER"

i have called her "ibu" down through the ages
ibu works in the fields, dressed in a traditional blouse,
century after century planting seed, weeding and harvesting
i don't understand why ibu never rebels
why ibu never complains when she is sick
why ibu never struggles to be free

ibu never reads books
ibu never watches advertisements for things which cost money
ibu never enters fancy halls
ibu never takes part in political demonstrations

ibu scatters fertiliser over her fields
ibu spreads the seed and harvests in silence

i have called her "lonely ibu" down through the ages
ibu spells out her dumb, empty groans
and reads legends of men with lust stamped on their pricks

ibu never weeps when she is disappointed
ibu accepts willingly whatever comes
ibu's lap is warm and ten Rahwanas hunt her down

i call her "ibu"
ibu desires only Rama and he always rejects her.
the fire tests her purity, ibu suffers for his sake.

i have called her "ibu" one century after another
ibu is alone, ibu weeps.

waiting for the eternal empty seeds to grow into life.
wild grass and small hills
covered with dry weeds. i call her 'ibu',
ibu serves her family common spinach,
cooks yams for a hundred hungry children
and relieves their thirst with the perfume of her sweat

43

kupanggil ia ibu
yang bercermin gerimis sepanjang musim
menghitung jembar sawah berhektar
dan kebun rimbun kebijakan.

aku menangis melihat seribu lelaki
memperkosaku tak hentihenti.

maret, 2000

i call her "ibu"
ibu reflects the storms, one season after another,
ibu measures the fields, one hectar after another,
ibu is the wisdom of the shady gardens

i weep to see a thousand men
endlessly raping me

march, 2000

HIKAYAT BULAN

itukah wajah kekasihmu? bergantung dalam kesepian.
bertahuntahun menangis dan muram: berjalan dalam
seutas legenda buram.

di sana ia sendirian. menemani anakanak bermain
di masa lalu. menyisir semak dan daun bambu. mencium bau
pegunungan dan desa desa.

di balik halaman kisahnya: seorang perempuan bercermin
danau.
wajahnya berpendar dan ditonjok kesunyian.
berkubang dengan usia yang bergegas dan tibatiba.

ada yang kaucari dalam kehilangan yang aneh, perempuan?
mengapa mencatat dengan perih dan darah, kerna
setiap kisah hanya akan berjalan singkat.

tapi apa salahnya kau berteriak dan memberontak
kesombongan.
keangkuhan pada diri yang pasrah dan tak melawan.

bawa sangkurmu, dan libas semua lelaki yang menindihmu
– dalam satu bisikan mematikan!
lalu, campakkan umpama sampah!

2000

THE LEGEND OF THE OWL AND THE MOON

is that your lover's face? hanging lonely in the sky
sad and weeping year after year: walking through
the threads of a thousand overcast legends.

alone there, playing with the children
a long time ago. combing the grass and bamboo. smelling
the mountains and scattered villages.

behind the pages of the story: a woman,
her face phosphorescent, reflected in a lake
bruised by solitude. wallowing in the mud
cast by sudden, unavoidable old age.

woman, what are you searching for in your strange loss?
why do you record your pain and blood, when each story
only lasts a little while.

why don't you scream and resist this arrogance.
there is no virtue in your modest surrender.

fetch your bayonet, and castrate all the men who oppress you
– in a single whisper, kill them all!
then throw them away as if they were trash!

2000

BUKU HARIAN PERKAWINAN

ketika menikahimu, tak kusebut keinginan setia.
engkau bahkan telah menjadi budak penurutku.
dunia yang kumiliki kubangun di atas bukit batu
dan padang ilalang. kau bajak jadi ladang subur
yang mesti kupanen dalam setiap dengus nafsuku.
kupelihara ribuan hewan liar, kujadikan prajurit
yang akan menjaga dan memburumu.
dan kutanam bambu untuk gagang tombak dan sembilu.

berlarilah sejauh langkah kejantananmu, lelaki!
bersembunyilah di antara ketiak ibumu.
membaca gerak tumbuh dan persemaian segala
tumbuhan bijak: ajarilah aku membangun rumah dan
dindingtakberpintu. memenjara penyerahanku
yaang kaubaca dengan bahasamu.

tapi aku menikahimu tidak untuk setia.
kubiarkan diriku bertarung di setiap medan peperangan.
aku panglima untuk sepasukan hewanhewan liarku
– yang selalu bergairah memandangmu
di atas meja makan.

sekarang biarlah kudekap engkau,
sebelum kulunaskan puncak laparku!

2000

WEDDING DIARY

when i married you, i never promised to be faithful.
in fact, you agreed to be my slave.
i built my world on hills of rock
and broad plains covered with weeds.
you plowed the fields to make them fertile
i harvested the crop with each heaving breath.
i raised thousands of wild beasts. i made them soldiers
so they could guard you and hunt you down.
i planted bamboo to make spears and knives

run as far as your man's feet can carry you, husband!
hide between your mother's thighs.
study the movements of my body and sow your seed
wisely: teach me how to shape the walls
in my house without doors. imprison my surrender
which you read as you please.

but i did not marry you to be faithful.
i agreed to fight on each battlefield.
i became the leader of my pack of wild animals
– they are eager to see you
laid out on the breakfast table.

let me embrace you now,
before i finally
satisfy
my hunger!

2000

ELEGI

kubiarkan subur segala tumbuhan liar
di tubuhku yang berlumut: di setiap musim berahi.
sentuhlah daun-daun dan jerami yang gemetar
menanti tikamanmu yang selalu tibatiba.
lalu dengusku: melunaskan penantian itu.

ratusan tahun waktu hanya berakhir dalam
sepersekian detik jeritku. kurindukan kematian demi
kematian singkat. tak kuinginkan kesadaran akan
segala hal yang putih seluas ladangkapas.

kutemukan dirimu yang bodoh bagai serangga yang
dungu. mengendap di antara jilatan para pemangsa.
aku yang mesti menikam dan menamatkanmu.
mengakhiri kebekuan atas kisahkisah tua.
menggantinya dengan derak meja dan hentakan pintu.
menciptakan syair dalam katakata. ketika kususun
kisahkisah baru. sepanjang jarak riwayatmu.

2000

ELEGY

i let the wild plants flourish
in the peat of my body. season after season
of desire. the leaves and grass tremble
at your touch, waiting the sudden
thrust, which always comes unannounced.
my breathing changes: measuring my waiting.

hundreds of years end in the countless seconds
of my screams. i long for one brief death
after another. i do not want to be conscious,
the world is as white as a field of cotton.

you look stupid, like some foolish insect,
wrapped in froth by its victim.
i must stab you, finish you off.
it is time to get rid of the old myths.
to replace them with the creaking of the table
and the slam of the door. to write other poems
with new words. to create new myths.
to give you a different history.

2000

SURAT NADIA

perempuan dengan dada penuh dan halus bagai pualam.
menatap laut dan membiarkan tubuhnya digerayangi
matahari. perutnya yang tipis dibiarkannya tersingkap
: memburaikan dunia berhamburan di hamparan pasir dan buih ombak.
rambutnya mengurai hamparan ladang padi dan jeramijerami keemasan.
ikanikan mengendap di antara ciumanciuman liarnya.

Nadia, setelah meninggalkan Kuta,
kubaca riwayatmu di punggung kerang kerang dan karang.
laut tak pernah menutup cerita. tapi kuingkari segala
cerita dari rumahrumah gelap itu.
tak kaututup jendelatua masa silammu.
di sini kaugelar hamparan pantai
dan nafas cinta yang asing.

kubaca suratmu dari jutaandepa jarak benua.
berdetik lintasan waktu. tak juga kautemukan jalan
untuk sebuah pertemuan berlorong waktu di setiap sengal
nafasmu.

lihatlah! pemerkosa itu menyelinap
di tajam mata pisaumu.

2000

A LETTER FOR NADIA

the woman has full breasts, white as alabaster.
she gazes at the sea and allows her body to be touched
by the sun. her flat belly is exposed to the wealth of the world
poured out on her through the sand and the foam.
her hair spreads like a field of rice and golden grass.
fish hide between her wild kisses.

Nadia, after you left Kuta,
i read about you on the backs of crabs
and the shells on the beach. the sea wrote no final chapter
to your life. i refused to accept the story told
in that dark house. you left the windows of your past
wide open. here, you spread out
beaches of your own, and
the breath of your foreign love.

i read your letters, sent from countries millions of leagues away.
the seconds flash by. there is no way i can find entry, no way
i can meet you, in the spaces in your breathing.

but i can see
the man who raped you
writhing
on the sharp tip of your knife.

   2000

SURAT JENNIFER

tak ingin kautinggalkan angin tropik.
udara pagi dan bau tanah sehabis gerimis
yang urung menjumpaimu.
kautanggalkan nafasmu di butir embun yang berkelit dari
hembusan udara hari berangkatsiang.
kakimu menghentakhentak di antara gending dan gamelan.

semburat cahaya matahari di sela-sela daun bambu,
bagai rambut perakmu yang mengurai tahuntahun kenangan.
usia yang tak pernah mau ditunda. dan tibatiba kau teringat
sebaris angan yang masih menggantung. cinta ataukah dendam.
helaihelai dengusmu memburu terik paling laknat.

Jenni, tak kubaca suratmu. sebab aku tak lagi punya airmata.
di antara alamat dan namamu yang muram,
kubayangkan tubuh sintalmu di genggam tangantangan
perkasa dan lapar. yang berebut meremas dan meraihmu.
tak kaudengar lagi maskumambang dan tembang dolanan
di antara dentum drum dan lengkingan penyanyi negro itu.
kau tenggelam di antara bau vodka. nafas dan regang jarimu.
asap rokok dan uap vagina.
menarilah dalam riuh dan bimbang.
mencari sejarah yang berabad hilang.

tak kubaca suratmu, Jenni.
tak ingin kuingat lagi kisahkisahtua,
dalam pandangan matamu yang selalu misteri.
tapi tak dapat kuelakkan kini ketakmengertianku
: mengapa akhirnya kaupilih penjara
untuk menuntaskan kebekuan panjang
hidup di antara satusatunya pilihan?

2000

A LETTER FOR JENNIFER

you did not want to leave the tropical breezes.
the gentle air and the smell of earth after the rain
which used to meet you in the early morning.
you hung your breath on the drops of dew
as they sheltered from the winds of the day.
while your feet stamped out
the rhythm of the gamelan and its music.

your blond hair was like sunlight
shining between the green bamboo leaves
spreading memories from down the years.
time itself never looks back. you suddenly remembered
a series of ambitions still needing to be satisfied.
some unfinished love. or some unfinished hatred.
the leaves of your breath turned towards the cruel heat.

Jenni, i never read your letters now.
i have no more tears left.
between your address at the top of the page
and your name at the end, i imagine your slender body
in the grip of strong hungry hands.
fighting to caress and conquer you.
you no longer hear the *maskumbang* and *dolanan* songs.
instead you dance to jazz and shrill negro voices.
sigh and snap your fingers. drown in the smell of vodka.
cigarette smoke and vaginal odours.
dance in the noise and uncertainty.
search for a history lost centuries ago.

i no longer read your letters, Jenni.
i don't want to remember the old stories
told by the mysterious look in your eyes.
but neither can i escape my lack of understanding:
why did you need to lock yourself away
in order to be able to resolve your old problems
was this the only choice left in your life?

2000

55

SURAT JULIA

aku ingin meraba salju
dingin dan lembut: seperti engkau.
kurasakan hingga dalam selimutku.
engkau dengan mantel dan wajah yang bahagia.
di antara hujan putih dan danau yang mengeras.

aku pernah merasakan kesendirian itu, Julia
di depan sebuah etalase kukagumi bayangan kemewahan.
dua orang wanita tua mendekatiku, dan bertanya aku dari mana
kusebutkan sebuah negeri jauh dan miskin.
tapi mereka beringsut karena tahu
aku menginap di sebuah hotel mewah.
inikah ironi?

kau bercerita tentang ladang gandum
dan pemukiman dengan tanah-tanah yang luas.
hidup di tengah keluarga yang bahagia.
kebersamaan pada pagi dan malam saat makan bersama.

aku melihat diriku yang sendiri
menghitung garisgaris wajah yang mulai membayang.
kecemasan dan rasa lelah di sepanjang jalan pulang
dalam perkampungan padat dan miskin.

kuhibur diriku dengan surat-suratmu, Julia.
lihatlah diriku: perempuan yang selalu bergegas
menuju usia. mencari tanpa pernah menemukan apaapa.

2000

A LETTER FOR JULIA

i wanted to hold the snow
which was as cold and soft as yourself.
i could still feel it in my bed.
you were so happy, dressed in your cape.
between the white rain and icy lake.

i have felt like that, Julia, alone,
standing in front of a shop window, staring at the jewellery.
two old women approached me, and asked where i came from.
i told them about a distant, poor country.
they edged away from me, knowing
that i was staying in a luxury hotel.
it was ironic, wasn't it?

you told me about fields of wheat
and a mansion set in vast estate.
about a happy family
who ate together every morning and night.

i saw myself, alone,
counting the lines on my face as i imagined the difficulty
of my long path home, and how tired i would be.
my crowded and poor village.

i have consoled myself with your letters, Julia.
in them i see myself: a woman always hurrying
to grow old. searching and never finding.

2000

SURAT LORENA

masih kausimpankah pisau itu?
jangan kaubasuh darahnya. masih kudengar erangan manis itu.
kucatat dalam berhalaman buku cinta. kita baca malammalam,
ketika darah mendidih dan memancur bersama nafas
yang memburu.

kaunikmati ketakberdayaan.
seperti ikan yang kau pelihara dalam rahimmu.
menggelepar dalam lumatanlumatan nafsu
dan rintihan halus dan gaib dari mulut terbukamu.

masih kausimpankah pisau itu?
sebelum kaucapai puncak cinta, ribuan wanita
akan menghunus dan menikamkannya: entah pada
daratan tubuh dan gumpalan daging yang mana.

2000

A LETTER FOR LORENA

do you still have that knife?
don't wash the blood off it. i can still hear
the soft moans i recorded in the pages
of the book of love we read late at night
while we were hunting, when our blood
boiled and spurted, and our breath grew ragged.

you enjoyed your powerlessness.
it was like a fish you kept in your womb.
floundering under the powerful weight of desire
and the strange, gentle sighs from your open mouth.

do you still have that knife?
before you reach orgasm, thousands of women
will draw it from its sheath and plunge it deep
into any available body or heap of flesh.

2000

KARTU POS BELASUNGKAWA

kutulis untukmu, berita pendek.
cerita di luar almanak tua
: wajah dunia yang remuk.
dalam dekap matahari: tubuh bulan
limbung.

siapa yang menyingkir
dari kesangsian atas cinta purba?
inilah akhir dari segala mimpi itu,
chaos dan kekusutan manusia.
pertentangan yang tak pernah berakhir: bertemu
dalam riak dan muara,
sedu dan kucuran air mata.

kucari di segala kegelapan. dan kutemukan kau
tidur di atas sampan: aku di mana?
gelombang meratakan hari menjadi waktu
yang pendek – sebab jarak bencana.

2000

SYMPATHY CARD

i wrote you a brief report
a story from an old almanac:
the face of the world
is battered and bruised.
the moon faints
in the arms of the sun.

who can help wondering
about the significance of
ancient loves? this
is the end of all dreams,
chaos and human confusion.
never ending conflict: meeting
in the waves and the river mouth,
sorrow and gushing tears.

i search through the darkness.
and find you sleeping
on a sampan: where am i?
the waves flatten the days,
time becomes shorter –
each disaster is closer
than the last.

2000

II

KILL THE RADIO
SEBUAH RADIO KUMATIKAN

SEBUAH RADIO, KUMATIKAN
—fragmen ke 2

sesudah lagu terakhir, lalu kita pindah gelombang,
masih juga detak jantung menghitung kebimbangan yang asing
: cerita demi cerita kosong, dan obrolan pengisi waktusenggang.

lagu itu sudah berpuluh putaran. seseorang masih sendirian
di sudut ruang
– menghitung detik demi detik kesedihan. kau telah letih
mengukur panjang waktu dan luas perjalanan: di luar hujan.
tapi dengarlah, yang tak pernah mau diam!

esok kita, selalu, bertemu lagi. bahkan sebelum engkau bangun.
kita bertemu lagi. seperti inilah hidup dibangun lewat berpuluh luka
dan kesedihan. agar tidak lagi engkau bedakan yang tak pernah musti
dibedakan. sementara mata tak pernah sempurna purapura buta.
dan telinga gagal purapura tak mendengar.

sesudah lagu pertama, kita matikan saja. menikmati kesunyian
lebih lepas, ketimbang menoleh dari kenyataan yang tak pingsan
: sebelum keterkoyakan itu usai direnda tangandusta.

bandung, 1998

KILL THE RADIO
– fragment 2

after the last song finished, we changed stations,
still listening to the beating of our hearts counting out our uncertainty:
one silly story after another, with only empty chatter in between

the same song again and again. the same person, left alone
in a corner of the room –
counting out one sad moment after another. wearily you measured
the passing hours and how far we still had to travel. outside the rain fell.
the same monotonous voice, which would not keep quiet.

tomorrow, as always, we will meet again. even before you wake
we will meet again. life is built from many wounds
and many sorrows. they help you not to choose
when you have no choice. somehow, the eyes always see
what they pretend not to see; the ears
always hear what they pretend not to hear.

after the first song finished, we turned off the radio and enjoyed
the silence. it was easier than staring at the reality
wide-awake all around us: as we waited
for dishonest hands to stitch the shreds together again.

bandung, 1998

SEBUAH RADIO, KUMATIKAN
– fragmen ke 9

kukira tadi beethoven yang mengulurkan tangan
: sepi yang sedih telah beku di engsel pintu. lalu dekap
yang lengkap.

aku belum tidur, untuk sebuah kantuk yang berat.
ada kudengar langkahlangkah mendekat,
tapi terlalu lirih untuk kerinduan menunggu.

kamar ini telah jauh dan ngelangut: berapa kilometer
deru mobil – menuju rumah di separo perjalanan jauh.
lalu sepi yang tua – amat tua, menarinari sendiri.

dan ia bukan beethoven.

jakarta, 1999

KILL THE RADIO
– fragment 9

i thought it was beethoven, reaching out:
silence had frozen around the door. the embrace
was perfect.

i was not yet asleep, but very tired.
i heard steps approaching,
they were too soft to be loneliness

the room was distant, sad: kilometers away
a car roared, half-way home.
then the silence returned – the old silence,
dancing alone.

but it was not beethoven.

jakarta, 1999

SEBUAH RADIO, KUMATIKAN
– fragmen ke 21

suara itu lebih sayup dari angin yang entah di mana.
ia, seorang lelaki, yang empat-lima tahun silam telah mati,
sekarang menyanyikan luka tua menunggu di pintupintu.

tutup gorden itu. agar lebih kejam rindu. menanti pohonpohontua
mengganti daunnya. lewat berjumlah musim dusta.

kita di sini mendengar saja, meski makin sayup, atau diam
dan purapura tuli. atau matikan!

yogya, 1999

KILL THE RADIO
– fragment 21

the sound was quieter than the distant wind.
he, the man, had died forty or fifty years ago,
and stood in doorways, singing of old wounds.

close the curtain. let longing grow cruel. wait
for the old trees to shed their leaves. let
seasons of dishonesty pass.

we can listen to his voice fade, say nothing,
pretend to be deaf or just ignore him.

yogya, 1999

SEBUAH RADIO, KUMATIKAN
– fragmen ke 22

ada yang mengirim untukmu seuntai cinta: duka yang manis
menyelinap lewat lubang kunci jendela, atau desis yang ngilu,
atau entah apakah – segala warna kelabu yang pucat seperti mayat.
ada yang mengucapkan salam lewat detak jantungmu.

kita masih bersidekap, rindu tua mengaliri darah keruh
yang mengalir lewat erangan dan teriakan tersangkut pejammata.
lalu dengus kecil – aku mengusap keringat di lehermu.

kubawa sekeranjang cinta yang kusut seperti daundauntua yang layu.
engkau biarkan ada yang menyusup, entah, mungkin lewat lubang kunci,
atau lewat dengusmu: senandung itu tak terdengar
sampai tengah malam, jendelajendela kembali tertutup.

ada yang mengucapkan salam manis, dan segala omongkosong
di senggang waktu.

magelang, 1999

KILL THE RADIO
—fragment 22

someone sent you a garland of grief: sweet sorrow slipped through
the lock on the window, or the sharp whisper of the wind,
or in some other way – each flower gray like a corpse.
someone spoke to you through the beating of your heart.

we sat, arms folded, some old longing flowing through our muddy blood
through the screams and moans caught behind our closed eyes.
followed by a tiny cough. i wiped the sweat from your neck.

i brought you a basket of confused love, filled with faded leaves.
you accepted whatever, however it came, through the keyhole
or your breathing: a silent humming
far into the night, before the window closed again.

someone sent sweet words, and all sorts of nonsense
to fill the empty hours.

magelang, 1999

SEBUAH RADIO, KUMATIKAN
– fragmen ke 23, kepada XG

mungkin yang kaudengar tadi cuma kepak burung.
ada yang ingin lepas dari sangkar. ingin terbang pulang
ke rimba. pulang ke angkasa lepas. biarpun ia tahu
telah menunggu segerombolan predator dan pemburu.

tak perlu berdebat lagi. kita bertukar saja tempat.
sangkar itu kosong, dan kita bikin ranjang untuk kantuk
yang tertunda.

sebenarnya, apakah yang kita perebutkan?
hingga kuyup tubuh ini, hingga letih kita, oleh
keinginankeinginan kosong.

sesungguhnya kita hanya ingin berebut tempat
dalam sehalaman buku sejarah. yang mungkin
hanya akan kita tulis dan kita baca sendiri.

jakarta, 1999

KILL THE RADIO
—fragment 23, for XG

perhaps all you could hear were the wings of a bird
wanting to escape its cage. wanting to fly home
to the forest, even though it knew
that predators and hunters waited in the bushes.

there is nothing to discuss. change places with me.
the cage is empty. let us prepare the bed
for the sleep we have long waited

be honest, what are we fighting about?
we are tired, worn out,
by our empty hopes

we are simply fighting for a place
on a page in a history book. the one
we write and only we read.

jakarta, 1999

SEBUAH RADIO, KUMATIKAN
–fragmen ke 24

ada kalanya perlu juga kita buka kembali kenangan.
menikmati segulung waktu yang berisi beribu kejadian.

ada kalanya tidak perlu berbohong cuma demi harga diri.
di depan masih lebih berarti menyusun rencana.
dan membasuh noda di kaki untuk melangkah.

tapi, alangkah menyakitkan kenangan.
seperti derit pintu malammalam, dan jerit serangga
dari semaksemak gelap. mengendapendap di jendela,
lalu menyelinap dalam kehangatan tubuh yang gelisah.

magelang, 1999

KILL THE RADIO
– fragment 24

sometimes we need to unwrap our memories
and enjoy the times filled with a thousand different things.

sometimes we don't need to tell lies to keep our self-respect.
there is still time to plan for the future.
to wash the dust from our feet so we can go forward again.

but sometimes too, memories hurt.
like the sound of a door late at night, the shrieking of an insect
in a dark clump of weeds, settling on the window,
then crawling slowly into our warm, restless bodies.

magelang, 1999

SEBUAH RADIO, KUMATIKAN
– fragmen ke 25

malam sudah amat jauh, tapi siapa yang masih sibuk
bercakap tentang waktu. aku diam saja. telingaku membatu
– masih terus kau bercakap tentang segala sesuatu itu.

di luar sana gonggongan anjinganjing liar. mungkin
segerombolan hantu dan ketakutan. atau kebencian merambat
lewat gorden, dan mengintipmu.

jadi, kau mendengar apa saja. kau melihat apa saja.
mengapa meringkuk dalam selimut kecemasan itu?

jakarta, 1999

KILL THE RADIO
—fragment 25

it was late at night, someone was busy
talking about time. i said nothing, refused to listen
while you kept talking about something which didn't matter.

wild dogs barked in the distance. perhaps
it was a group of ghosts, or things you feared. or it was hatred
which had slipped past the curtains and spied on you.

you heard whatever you wanted to hear. saw
whatever you wanted to see. i could not understand
why you curled up under a blanket of doubt.

jakarta, 1999

III

Talking Trash
Sampah Kata-kata

SAMPAH KATA-KATA

di rimba kosong, aku terbelenggu sampah katakata.
dunia lunglai dan kusut. perjalanan melingkarlingkar,
dalam kekacauan dusta antara kebenaran dan tipudaya.

di hamparan tanah subur,
aku kehilangan jalan untuk tumbuh.
seperti siput yang berjalan tanpa jejak ludah.
mencari rumah sendiri di punggung.
dari tanah ke tanah tanpa nama, aku
tak melihat fatamorgana.
: aku terkurung dalam sampah katakata.

kubangun tempat berpijak kaki bangau,
inilah negeri kurcaci. sebab kerdil
mereka menyulam ketakutan dengan lidah panjang.
kepalsuan menjadi ya.
dan kebenaran menjadi tidak. katakata membumbung
di puncak menara babel.
segala nafsu dan kekuasaan
yang tak lagi punya mata
mendesing hari ke hari
dalam sekelebatan anak panah memburu angin.

aku tersesat di negeri sampah katakata.
kubangun rumah kecil dalam puisi hati nurani.

jakarta, 1998

TALKING TRASH

in the empty forest, i am enchained by words of trash.
the world is weary and confused. the paths go round in circles
in the dishonest confusion of truth and deceit.

the land in the distance is fertile.
i have no way of growing.
i am like a snail with no trail to follow.
searching for the home
it carries on its back.
from one unnamed land to another,
i am unable to see the most imaginary oasis:
i am imprisoned in words of trash

i build a world set on cranes' legs
this is a land of dwarfs, shrunken and foolish.
they weave fear with their long tongues.
lies turn into yes.
and truth turns into no. words soar
to the top of the tower
of babel. desires and force
aimed at nothing in particular
whistle through the air, day by day,
like a sheaf of arrows hunting the wind.

i am lost in a land where words are trash.
in my poetry, i build myself a small house
where my conscience can live.

jakarta, 1998

PARA PEMIMPIN
DARI NEGERI BUKAN DONGENG

bayi itu tumbuh menjadi dewasa,
dan kini menjadi raksasa.
hari ke hari ia tumbuh besar, lalu
menggelembung dalam dusta yang indah.

ia tumbuh dan kuat.
lalu seperti elang raksasa,
menancapkan cakartajamnya.

maka lihatlah!
betapa kokoh kepalsuan.

jakarta, 1998

THE LEADERS OF A
NON-MYTHICAL NATION

the baby grew into an adult
and became a giant.
became bigger day by day, then
puffed itself up with beautiful lies.

it grew and became strong.
and finally turned into a giant eagle,
digging deep with long, sharp claws.

behold! the power
of deceit.

jakarta, 1998

SUNGAI

sungai paling panjang mengalir dalam mimpiku
: misteri dan keliaran amazon atau kekeruhan ciliwung.
ribuan piranha dan muntahan limbah,
di antara kehausan dan rasa ingin menyelam
– sungai paling panjang mengalir dalam terjagaku.
airmata yang bisu melimpah dalam gemuruh airterjun katakata.
kesedihan paling tawar dan membosankan
lahir dari kenyataan pahit masyarakat terbata.
melimpah di permukaan limbah kemanusiaan
yang gaduh dalam nyanyian bisu.

bencana paling mencekam mencuri pesonaku
pada kenyataan hidup.
seperti bah yang mengambing perahu nuh.
atau badai gurun menggulung kemahkemah para pejalan dan unta.
atau kegelisahan dan ketakpastian paling memabokkan.

sungai paling panjang mengkaramkan segala dalam mimpiku.
: batu karang nurani dan sampah kemanusiaan
mengalir sepanjang hidup.
menghanyutkan kesadaran hari demi hari.

sungai paling panjang mengalir dalam hidupku.
menjadi darah yang menggerakkan rasa hidup.
usia tua kepalsuan dalam setumpuk catatan para nelayan
yang mengecoh ikanikan.
di antara taburan racun dan ledakan dinamit.
mengalir dalam nyanyi dan igauan rindudendam.
hasrat paling purba buat mengakhiri segala kebekuan.

magelang, 1998

RIVER

the longest possible river flows through my dreams:
with the mystery and wildness of the amazon,
or the grayness of jakarta's ciliwung,
vomiting waste and thousands of piranha.
– the longest possible river flows through my wakefulness.
silent tears gush in a thundering waterfall of words.
the most bitter and boring sorrow
is born from the sour reality of a speechless society.
poured out across the noisy cesspool of humanity
in songs which have no music

a piercing disaster steals away my wonder
at the reality of life.
like the flood which tossed about noah's ark.
or a storm in the desert which carries away
pilgrims, their tents and their camels.
or the most exciting restlessness and uncertainty.

the longest possible river drowns everything in my dreams:
the reefs of conscience and the trash of humanity,
flows throughout the whole of life.
carries away my conscience day after day.

the longest possible river flows through my life.
it becomes the blood which stirs my deepest energy.
an old age of lies written in the notes of sailors
who cheat the fish.
drugging the water and throwing dynamite.
flows in my songs and the delirium of my desire
the ancient desire to unblock the frozen ice.

magelang, 1998

SIMPHONI TANPA WARNA

seorang tua, yang rapuh dan renta, tak bosan mencari
dan berlari, yang menulis hikayat dan legenda, yang
menyusun syair panjang kesedihan dan harapan,
menciptakan musik panjang kebekuan.
itulah dia yang menggambar matahari tua paling buruk
di atap rumahku. langit tidaklah biru: namun kuning semata!
daundaun tua dan ranggas, bianglala tanpa warna
dan ribuan burung pulang,
serta kawanan serangga
yang menata rumah bermalam penuh simphoni.

seorang tua, mengucak matanya yang kian rabun,
dengus nafas dalam perburuan tanpa henti atas fatamorgana.
itulah dia yang melukis hidupku yang bergerak dari angin ke angin.
berhembus dari bauan busuk, menjadi badai gurun gobi.

aku menjadi siput, mengusung rumah kegelisahan dari rawa ke rawa.
mencari pantai tempat berkemah para pejalan yang bimbang.
menciptakan jejak buat diri sendiri,
buat menyusur jalan pulang kemanusiaan.

januari, 1998

UNCOLOURED SYMPHONY

the old man, frail and weak, still eagerly searches
and runs, he writes legends and epics, old
poems, full of sorrow and hope,
composes long cold melodies.
he drew a very bad picture of the sun
on top of my house. and he painted the sky
yellow, not blue!
he made the leaves old and forgot to colour the rainbow,
sent the birds home
and the insects too
to decorate their nests and spend their nights
surrounded by symphonies.

the old man, rubs his failing eyes,
and pants as he endlessly pursues mirages.
he paints my life, as i am blown from one direction and another.
he blows through the garbage dumps and is the storm in the gobi desert.

i am a snail, carrying my restless shell from one swamp to another.
searching for the beach where worried pilgrims camp.
making my own way forward,
trying to follow humanity's path home.

january, 1998

JALAN BUNTU SEGALA SIMPANG

sudah kutempuh berabad waktu
: daundaun hari menggelinding
di antara kekecewaan demi kekecewaan.
kucari cermin yang mencatat hidupku,
tak kutemukan apa pun.
hanya ketiadaan yang tak teraba
: pertanyaanpertanyaan
dan jawab dalam diri, entah di mana.
hidup atau entah apakah
yang redup dalam bayangan diri.

sudah kutempuh berbagai rasa
dalam segumpal lidah kecemasan ini.
kucari asin keringatku,
yang kuperas dari nihil ke nihil.
dari segala kehampaan angin.
dari segala omong kosong demi omongkosong.
tak kucium bau apa pun,
hanya ketiadaan yang hitam dan tanpa ruang.
kehidupan yang padam
dalam cahaya diri.

hati nurani yang tumbuh lambat.
atau diam sekarat.
saban pagi menyerap air mata
dari kesedihan yang itu juga.
kapan menjadi dewasa.
atau tua dan mati sempurna.
atau tetap kerdil
dalam kesuburan hidup ilalang dan rumput liar
di halaman jiwa yang kosong dan hampa.
sudah kudengar berpuluh tembang dan tetabuhan.

THE WINDING ROAD TO NOWHERE

i have travelled this road for centuries:
the days on the calendar roll forward
from one disappointment to another.
i search for a mirror in which to record my life
and find nothing.
only an emptiness which slips through my hands:
searching for questions
and answers
within myself, somewhere.
is it life, or something else,
which fades with my shadow.

i have travelled the various feelings
gathered on my restless tongue.
i have searched for the bitterness of sweat
squeezed from nothing, for nothing.
from the emptiness of the wind.
from one stupid statement after another.
and have smelled nothing.
only black, endless emptiness.
life extinguished
by its own light.

the conscience slowly grows
or quietly gasps and dies.
days swell with tears
drawn from trivial sorrows.
when will i ever be mature.
perhaps i will die completely
or remain a dwarf
squeezed by the lush weeds and bushes
spreading in the vacant yard of my mind.
i have heard dozens of traditional songs and dances

namun tak kuhapal syair para pujangga
yang hidup di saban kalbu.

yang gemuruh dalam hati dan pikiran
hanyalah semata igauan
membaca kekacauan diri sendiri.

1998

but i cannot quote from any of the poets
the people love so much.

the crazy images
which roar inside my mind and heart
are my desire
to read my own confusion.

february, 1998

DUNIA MENUJU SEKARAT

dunia menuju sekarat
jalanan berdarah
tikungan membentur jidatmu yang renta
jiwa teronggok bagai kakek tua
menunggu gugur daun, tulang menua
dan rabun yang memangkas usia demi usia.

dunia menuju sekarat: kematian,
puing peradaban, dan nurani yang gersang.

tengoklah hatimu
mencericit bagai jerit rem
membesut aspal ngilu jiwamu

dunia menuju sekarat:
nurani mengabur dalam segala tanda.
menggumpal dalam rahasia.
tak dapat dibaca lewat segala bahasa!

1997

THE WORLD MOVES TOWARDS ITS DEATH THROES

the world moves towards its death throes
a bleeding road
where the bend smashes into your wrinkled brow
and your soul is piled high
like a group of old men
waiting for the leaves to fall, their bones growing brittle,
their fading sight slicing away one year after another

the world moves towards its final agony: death,
a dazed civilisation and a barren morality

look into your own heart
screaming like worn brakes
polishing the asphalt with the misery of your soul

the world moves towards its death throes:
the signs obscure your conscience.
and dissolve into secrets.
which no language can decipher.

1997

SEBUAH LUKISAN SUREALIS

bagimu, kehidupan mengkristal
dalam gerak waktu yang membeku
: tak ada jalinan jiwa di antara
puingan raga yang berujud dan teraba.

tak ada hatiku yang merah tua,
berkaca pada langit merah tua
di antara hari yang pucat oleh kematian
– yang merah tua –

aku berkabung pada diri sendiri.
mencari tempat di antara kerumunan.
menghitung sendiri doa.
dengarlah suara lamat itu!
barangkali jam dinding yang jatuh ke tanah tanpa sebab
menggaligali tanah perawan.
yang bersih oleh jejak dan cabikan angin nakal.

engkau memanggul sendiri jasadmu
entah ke mana. sementara jarijari sibuk
menghitung waktu yang diam di dahi,
mencari jawab dari segala pertanyaan liar.
berhamburan dari lidah waktu.

ke mana akhirnya kaubawa selembar daun hatimu?
ulat-ulat mencium amisnya.
tak akan sampai menjadi kupu-kupu.
sebab aku selalu tahu jawab
dari segala pertanyaan itu.
kecuali yang kaubiarkan menjadi setumpukbuku
yang menerbitkan kebenaran semu.

1997

A SURREALIST PAINTING

for you, life crystallises
in frozen moments of time:
there is no spiritual connection
between the broken bodies you see and those you sense.

my dark red heart does not exist,
reflected in the scarlet sky
between the days faded by death
– dark red death –

i mourn my own death.
search for a place among my ancestors.
count my own prayers.
hear some distant voice!
perhaps it is the ticking of a clock on the wall
falling to earth for no reason at all
digging into the virgin ground.
purified by the footsteps and shreds
of the mischievous wind.

you carry your corpse
on your shoulders. going
who knows where. while busy fingers
count the time remaining on your forehead,
search for the answers to your crazy questions.
scattered from the tongue of time.

where will the leaves of your heart
finally rest? worms
smell your decaying stench.
they will never turn into butterflies.
because i always know the answers
to all your questions.
except those you turn into a pile of books
to spread false truths.

1997

HARI MAKIN TINGGI

tiga sosok sahabat karib
dengan tiga potong hati renta
menunggu kenangan kembali
jadi harapan. matahari tua
memanjat ketinggian mimpinya.

waktudemiwaktu menggilas kenangan
dan masa lalu
mencari puisi yang hilang
: puing peradaban
yang mendaki keletihan tiada-tara.

tiga sosok sahabat karib
dengan tiga potong hati renta
menghitung dengus hari
di antara peluh dan darah yang diperah.

1997

LATE AFTERNOON

three good friends
with three broken hearts
waiting for memories
to turn into hope. the sun grown old,
setting on their dreams.

timeaftertime grinds down their memories
and their past
as they seek for lost poems:
the debris of a civilisation
climbing unbelievable weariness.

three good friends
with three broken hearts
count the day's hard breathing,
sweat and spurting blood.

1997

SUATU HARI BULAN JULI
– 27 Juli, Jakarta

tiba-tiba aku tenggelam
di antara ribuan orang berlari
aku berlari ke segala arah mata angin
duka mengurungku dalam gigil waktu
diam dalam kekosongan hati

tiada apa pun: juga tangis
yang selayaknya diucapkan
dalam kungkungan duka

tiada ucapan belasungkawa
tiada nyanyian
hanya doadoa panjang
di antara rumah harapan yang bimbang.

taman ismail marzuki, 1996

ONE DAY IN JULY
— July 27, Jakarta

suddenly i was drowning
among thousands of people
i ran in every direction
caught by sorrow, trembling each moment,
feeling silent and empty inside

i couldn't do anything: i should
have wept but couldn't,
grief wound its chains
tightly around me

i couldn't say how sorry i felt
i couldn't sing
i could only pray
among the anxious houses of fear and hope.

taman ismail marzuki, 1996

THE GREAT IMAGINATION

tertatih-tatih lelaki tua itu
menyusuri jalanan kota
ia mencari sepenggal masa lalunya
yang tersesat di antara trotoar dan etalase
gedung bioskop dan pasar kota
rumah-rumah kumuh dan gang-gang tikus

berabad mencari rumah dan tanah
yang menorehkan harapan kosong haritua

(pikirantuanya melayang pada sebuah sudut aneh,
di antara kaki pelacur muda, yang gelisah
diganggu angin usil)

lelaki tua itu menemukan masa lalunya
– sebuah tattoo puisi pernah dilukisnya
pada sejengkal tubuh molek
: daerah asing peradaban kelam beratus petualang.

1997

THE GREAT IMAGINATION

the old man staggers
along a city street
searching for part of his life
lost among the gutters and shop-windows
the movie-theatres and the markets
the shabby houses and narrow lanes

century after century searching for a home and a land
where he might harvest the empty hopes of his old age

(his old thoughts fly to a strange corner,
where the feet of restless young prostitutes stand,
teased by the mischievous wind)

the old man finds his past
– a poetic tattoo he once painted
on a small part of a beautiful body:
an alien district in an obscure civilisation
inhabited by hundreds of tramps.

1997

SEBUAH SAJAK AIR MATA
– surat kepada M

jika begini
tidak lagi penting menangis atau terbahak
semua sama saja: bahwa kita berada
di antara ribuan fosil badutbadut abad purba
kematian masa lalu masih jua dikaburkan
oleh lelucon-lelucon abad kini

engkau pasti tak punya katakata
tetapi tak penting lagi berkatakata
udara ini hanya terbuka untuk segala omongkosong
kita jadi pendengar yang memilih tuli dan gagap
melupakan keyakinan pada bahasa nurani
kebencian pada kegoblokan cermin dan gambar sendiri

engkau pasti tak bisa menangis
buat apa?
sedang kita
tak lagi percaya airmata.

taman ismail marzuki, juli 1996

A POEM OF TEARS
– a letter for M

so things have come to this,
it no longer matters whether we weep or laugh,
it is all the same. we live among thousands
of fossils, clowns from an age long gone,
the death of the past is hidden
by this century's jokes.

surely you can say nothing,
but it wouldn't matter anyway,
the air is full of nonsense,
we can only choose to listen in silence,
and stammer, to forget our convictions,
no longer trust the language of our hearts,
to hate the foolishness we see in our mirrors
and in the pictures of ourselves.

surely there is nothing to weep for.
why should you? it is clear
we no longer believe
in tears.

taman ismail marzuki, july 1996

OBSESI HITAM PUTIH

aku terperangkap lagu hujan
di antara ilalang: bulan yang itu juga
mendaki dukaku yang purnama.

lerenglereng dan tebing hatitua
melukiskan ketakutan.
kabut melingkar
dalam gelombang jerit serangga
di hutan jauh.

setetes langit hitam menghiburku
di antara daun-daun terbang. angsa dan
sekawanan bangau mencari keteduhan
yang menggenang duka-renta dalam sepercik
cahaya merah.

matahari mengabut dalam genangan bulan
menggantung di kekosongan kalbu.
di manakah bertemu antara segala
yang terpisahkan?

tak ada yang bisa kubaca
dari pikiran tua yang mencari segala
yang tibatiba hilang. selain ketakutan.
lalu bisikan dari entah siapa-apa, "Kekasih,
malam itu getar lolong hewan-hewan liar!"

maret 1997 - januari 1998

AN OBSESSION IN BLACK AND WHITE

i am trapped by the rain singing
among the tall grass: so is the moon
as it rises over my shining sorrow.

the hills and rivers of the heart
depict his fear.
the mist encircles him
through the waves of screaming insects
in the distant forest.

a drop of black sky comforts me
among the flying leaves. geese and
a pair of cranes search for the tranquillity
which floods shabby grief
in a spark of red light.

the sun turns to mist in the damp moon
hanging over the heart's emptiness.
how can we ever reunite
everything which has been torn apart?

i can read nothing
in the old thoughts which search
for all that has vanished. except the fear
arising from someone somewhere, "My beloved,
the night trembles with the screams
of strange wild beasts!"

march 1997 - january 1998

KEKOSONGAN

aku menulis tanah
di atas darahku
dengan bahasa mulut terkunci
seribu bisu berubah dendam berabad waktu
tahun merangkak di atas tubuhtubuh gelisah
dan takut
langit merangkul kebekuan cinta
dan nurani yang terkubur

aku menulis air
dengan tangis yang membeku
dalam harapan kosong
duka terbungkukbungkuk
bagai lelaki renta
rindu ruang hampa udara
hymne beribu anakpanah
memburu bulan tua
mendesing hari ke hari

kukibarkan benderaku
membalut hati yang gemetar
oleh geram waktu

jakarta, 1996

EMPTINESS

i write on the land
with my blood,
speak with my mouth locked shut.
a thousand changing silent languages
century after century
the years crawl across weary, frightened bodies,
the sky gathers futile loves
and buried consciences.

i write on the water
with my frozen tears,
sorrow bows down
in empty hope
like a weary old man
longing for a space free of sky
singing hymns to thousands of arrows
hunting prehistoric moons
and whistling through the air
day by day

trembling with old hatreds
i raise my flag high
and bind my heart
bruised
by past hatreds

jakarta, 1996

ZIARAH BATU
— kepada Para Orator

bahasa batu yang diam, keras dalam
dentum arus tak ke mana
udara luka dalam cucuran darah
menetes beratus tahun
mengikis keringat kebisuan nurani

bahasa batu yang dingin
beku meremas ribuan abad rindudendam
mencaricari udaraterbuka
kekosongan yang menyimpan dengus
nafas hewanhewan liar
yang mencari tanah
dalam sejengkal jiwanya

kupilih bahasa batu
buat memecah keangkuhan nuranimu.

1996

A PILGRIMAGE TO A ROCKY PLACE
– to our orators

stones speak in silence,
hard in the roaring, aimless currents,
wounds form in the air, blood flows,
dripping for hundreds of years, sweeping away
the sweat of our silent consciences

rocks speak in cold words,
squeezing thousands of years of longing
into hard shapes, searching for room
in the emptiness filled with the harsh breathing
of wild animals,
searching for land
in a small space within the soul.

i choose the language of rocks
as a way of breaking
the arrogance of your being.

1996

FILMFILM BISU

jarimu habis buat menghitung usia.
tak perlukah sajak buat bicara?

katakata tak akan pernah jadi pisau
di negeri para orator. telinga orangorang
diganjal kursikursi malas, sementara mulut
dan tangan mereka bicara. bukubuku
tak akan dibaca. radio dan televisi memuntahkan
katakatakatakata.
kekosongan terkirim pada sandisandi.
racunracun dari ludahnya menidurkan kita.

untuk diam tak butuh sajak.

sementara segeserdemisegeser kita menyingkir.
sebab tepitepi bumikita dikikis sungaiairmata.
kakimu berdiri bagai bangau.

rumah kita dipetak jadi papan catur
: langkah bidak amat pendek.

jadi tak diperlukan bicara.
kau menghitung usia tua. tak mengenal hurufhuruf.
sajakmu kaucatat dalam nurani yang nestapa.

SILENT MOVIES

you do not have enough fingers
to count how old you are
so why shouldn't poetry speak on your behalf?

words will never be knives
in a land of orators. our ears relax
on rocking chairs. while their mouths and hands
speak for us. no one
reads books. the radio and television spew out
wordswordswordswordswords.
meaningless codes carry our emptiness.
their poisonous spittle lulls us to sleep.

in silence there is no poetry

slowly shifting we move away.
because the edges of our world
have been eroded by rivers
filled with tears.
our feet perch on tiny spaces.

our houses have been divided into chessboard squares:
we can only move one small step at a time.

so there is no need to speak.
count your remaining years. forget the alphabet.
write your poems
on our weeping souls.

MEMO: RUMAH BATU

beratustahun lagi, mungkin, rumahku akan tetap
sebuah batu. lantailantai lumpur membenamkan
kakikakikami yang telanjang dan sakit.
mulutmulutkami diganjal mejamejatulis yang
mengatur. tangantangan diborgol.

pikiran dibuka buat ladangbunga: keindahan
sebagai bianglala!

sungai diseberangkan lewat pintupintu.
matahari digantungkan pada atapatap: kepongahan
tak akan lumer. dengan lumpur sebagai lantai
yang disimpannya.

orangorang pintar mencatat hurufhuruf
dalam batinkita.
orangorang pintar mencatat syairsyair sakit
dalam otakkita.
orangorang pintar mengetiknya
pada gelembung angin. menempelkannya pada
perutkenyang mereka.

rumahku: akan tetap sebuahbatu.

A HOUSE OF ROCK

in hundreds of years time, perhaps, my house will remain
a rock. floors of mud drown
our naked, sore feet.
writing-desks are wedged
into our mouths. our hands
are locked in handcuffs.

our thoughts could be fields of flowers: as beautiful
as the rainbow!

we enter doors to cross rivers.
the sun is glued over our roofs: arrogance
will not melt away. it will mix
with the mud

clever people draw letters
in our souls.
clever people write sick poems
in our minds.
clever people type them
on the rippling wind. tape them
onto their fat bellies.

my house: will be a house of rock.

RUMAH KERTAS
– untuk sebuah film kelas tiga

di sinilah rumahrumah kertas: orangorang
mengayunkan tangannya padamu.
ia ingin kita melongoknya.
lihatlah, penderitaan takcukup digambarkan
dengan tangis orangorangberuntung yang memainkan
sebuah pemeranan, sebelum membuka perdebatan tentang
omzet dan kecemasan monopoli.

rumahrumah kertas: sesuatu kesementaraan.
orangorang tak peduli dengan narasinarasi
yang tertoreh di dalamnya. ketakutan bagai bunga
yang terus berkembang. kelaparan dan ketakmenentuan
menyambut pagi seperti iklim yang membalut
ketelanjangan yang menggigilkan.

sementara kita menikmatinya.
seluetseluet tanpabentuk menggeliat pada
kebohongankebohongan seni.

"kita cuma barangdagangan yang telah
dikhianati nurani!"

CARDBOARD HOUSES
—for a third-rate movie

these are cardboard houses: here
people wave at you.
they want us to look at them.
see. they don't suffer very much
when those who are well off weep for them
it is only an act, the first step
towards a discussion of profit
and the problems caused by monopolies

cardboard houses: just temporary
no one cares about the stories
etched inside them. fear grows
like flowers. hunger and uncertainty
welcome each day, wrapped around
their shivering nakedness
like the cold morning air.

we briefly enjoy them. shapeless
silhouettes trembling
in artistic lies.

"we are commercial objects
turned into victims
by your conscience!"

N. B.

seperti kalau kita berjalan di pusat perbelanjaan,
di pinggir-pinggir toko dan kaki lima
segalanya menggoda kita untuk melihat: dengan nyata!
hanya lemari kaca dan etalase, kalau saja kita
bukanlah sekelompok orang renta dan tua dengan mata rabun
atau si buta dengan tongkatnya.
segalanya begitu nyata!
atau kalau saja kita bukan bayi yang berjalan merangkak
atau anak-anak usia bermain yang hanya tergoda kegembiraan.

apa yang tak terlihat?
bahkan suara orangorang gelisah sepanjang jalan
dan rengekan pengemis yang lapar.
lagulagu sumbang pengamen, atau bahkan, kalau bisa bersuara,
bisikan sedih sesuatu yang dijajakan itu....

tetapi kita tidak melihat apa pun. seperti kalau kita berjalan
di ruangruang tanpa cahaya. bahkan ledakan bom dan
tembakan meriam tak bisa kita dengarkan.

jakarta, 1999

P. S.

it is like walking in a shopping centre,
past the store-fronts and the walkways
everything tempts us: look at me, i am real!
they are only glass cases and windows, unless
we are old and frail, and can hardly see,
or a blindman with a stick,
everything seems so real!
unless we are babies, barely able to crawl
or children who would rather play.

there is so much to see.
and there are the restless voices of people walking down the street
the whining cries of hungry beggars.
the shrill sounds of the buskers, or even, if they could only speak
the sad whisper of the goods on sale....

but we see nothing. it is like walking
through a dark room. even bombs exploding
and cannons roaring pass unnoticed.

jakarta, 1999

BANYAK SIMPANG,
KOTA TUA: MELANKOLIA

1.

selalu, setiap perjalanan keluhkesah itu
kau tak ingin sampai. di atas andong kau
bertanya siapa di antara kita kusirnya.
kau tak ingin sampai, di setiap tikungan
membaca arah angin dan namanama gang.

orangorang, selalu seperti memulai hari
berangkat dan pulang, bergegas, dan entah siapa
memburu dan siapa diburu.

kita pun melangkah di antara perjalanan keluhkesah.
dan selalu gagal membaca arah.

2.

ada yang selalu mengantarmu ke segenap arah,
desa demi desa, tapi akhirnya
kau hanya sendiri di atas catatan duka
di deretan hari. mengapa selalu kau buka buku harian
: sebab katamu, kenangan itu racun.

hari ini: aku melihat wajahmu,
seperti patungpatung gerabah di Kasongan.
lalu hatiku tertawa, mengejek kenyataan hidup.
sebab masa lalu itu racun, dan kita
bersenangsenang atas kesedihan hari ini.

maka, jika rindu, pulang saja ke hotel, dan gambarlah
rumah dan hirukpikuk kotamu yang angkuh.

THERE ARE MANY PATHS IN THE
OLD CITY OF MELANCHOLY

1.

each time, each anxious journey we take,
you never want to arrive. in the coach you
continually wonder which one of us is the driver.
you never want to arrive. at each corner
you check the direction of the wind
and the names of each street.

each person, each day, begins a new journey,
setting out and returning, in a hurry, without knowing
whether we are the hunter or the hunted.

we walk along anxious roads.
and never know which way the wind is blowing.

2.

something accompanies you wherever you go,
through one village and the next, but in the end
you are always alone with your record of sorrow
one day after another. why do you continually turn to your diary:
memory is poison, you've said so yourself.

today: i study your face,
and am reminded of the clay statues in Kasongan.
then i laugh, mocking reality.
the past is poison, today
we will enjoy ourselves, despite our sorrow.

so, if you feel nostalgic, go back to the hotel
and draw a picture of the houses and
the proud confusion of the town you came from.

3.

kutunggu engkau di stasiun, berapa jam usiaku hilang,
kutunggu sepanjang rel dan bangkubangku yang bisu.

kauingin Yogya, untuk seluruh waktu senggangmu.
sebab hidup mesti dihitung dari setiap tetes keringat.
dan untuk itulah aku menanggalkan detik demi detik usiaku?

kutunggu engkau di stasiun, hingga detik menjadi tahun.

4.

kukira Joan Sutherland dan Mozart dalam *Die Zauberflote*.
tapi seorang perempuan kecil meminta sekeping uang logam,
dan menyanyikan kesedihan yang membeku di matahari terik
dan aspal membara.
tak selesai, ya, memang tak pernah selesai.

hanya mulutnya yang bergerakgerak di luar kaca
dan suara mencekam Joan Sutherland.
Yogya semakin tua. dan di manamana kudengar ceritacerita kesedihan.

tapi di pasar Ngasem, engkau bisa membeli
seekor burung yang takhenti berkicau,
dan menjadi begitu pendiam saat kaubawa pulang.

3.

i will wait for you at the station, waste a few hours of my life,
i will wait beside the iron rails and the empty benches.

you like Yogya, it is easy to relax there.
you like to measure your life one drop of sweat at a time.
there must be some better reason for me to shed
one second of my life after another in this way.

i will wait for you at the station, watching
the seconds turn into years.

4.

i imagine Joan Sutherland singing Mozart's *Die Zauberflote*
but it is a tiny woman begging for coins,
keening on the sticky asphalt, telling
of hard sorrows under the hot sun.
there is no end to her song. no end.

her mouth moves outside the window
and her voice strangles Joan Sutherland.
Yogyakarta grows older, and everywhere
i hear the same sad stories.

but at the market in Ngasem, you
can buy a bird which sings all the time
until you take it home, then
it will never sing again.

5.

sebuah surat kutemukan di Malioboro.
tampaknya seorang gadis telah patah hati,
dan mencari kekasihnya di etalaseetalase
dan di antara tumpukan barangbarang kaki lima.
tak ketemu. di seluruh sudut kota ini pun tak ada
bayangbayang kekasih itu.
kutemukan surat itu, dan kukirimkan kembali
entah ke mana. suatu hari kau menemuiku,
dan membawa segenggam surat hitam: tak beralamat.
tapi kau tak pernah membacanya.
dan aku menulis kembali surat demi surat tak beralamat
dan tak kukirim ke mana pun.

6.

rindu kadang menyakitkan.
tapi apa yang disembunyikan kota lama ini?

seseorang tak ingin pergi
dan membangun sebuah rumahsiput.

seseorang tak ingin pergi
dan mencatat berderet peristiwa
untuk menjadikannya hanya kenangan.

yogya, 1999

5.

i found a letter in the main street, Marlioboro,
obviously written by a girl with a broken heart.
who was looking for her boyfriend in every shop
and among the goods displayed on the footpath.
she never found him. not the slightest sign or shadow
even though she searched all over town.
i found the letter and sent it back her, though
i didn't know where she lived. one day we'll meet
and you'll be carrying a bunch of letters written in black,
though you won't know where i live either.
because you won't have read my letters.
i wrote you one letter after another, not knowing your address,
and never sent them to you.

6.

sometimes melancholy hurts.
even if there is nothing to hide in this old city.

no one wants to leave
and live in a snail's shell.

no one wants to leave
and write about different events
to see them turn into nothing more
than memories.

yogya, 1999

JALAN PULANG

pohonpohon kering masih berbaris
sepanjang tepi jalan.
kaulihat musimgugur di tepitepi kota sunyi
: televisi yang tak juga kaumatikan.
kita tunggu.
sebentar lagi akan terjadi pembantaian.
darah dan nyeri menjelma syair
saat ada yang memainkan musik.

inilah kenyataankenyataanhidup, katamu.
di luar itu anakanak berteriak dan tertawa.
"aku syerif dan kau bandit.
itu kepalamu yang berdarah.
itu jantungmu yang bolong.
aku pembidik ulung!"
akh! anakanak yang gaduh,
dan kita masih juga terhibur.

di luar pintu: jalanjalan amat sunyi.
engkau masih bisa nikmati angin yang berkelit
dari selasela daun padi.
bau sawah mengembalikanmu dari dunia mimpi.

jakarta, 1993

THE ROAD HOME

there are rows of dead trees
along the edge of the road.
it is autumn in some empty city:
you leave the television on:
we wait.
soon the slaughter will begin.
blood and pain in the shape of a poem
while the music plays.

this is what life is really like, you say.
outside, the children shout and laugh.
"i'm the sheriff, you're the baddy.
i hit you in the head.
i hit you in the heart.
i'm the best shot!"
the children fight
while we amuse ourselves.

outside the door: the roads are empty.
you enjoy the wind as it runs through the rice stalks
and slips from your hands.
the smell of the fields brings you home
from your world of dreams.

jakarta, 1993

PIDATO: NOL

kautanam bunga
dalam lidahmu.
setiap pagi liur
dan nafas yang busuk itu
menyuburkan taman.
bangkaibangkai dan limbah
mengucapkan orasi pada megapon
dan radioradio.

anaksungai mengalirkan kalimatkalimat
(akhirnya ke laut...).
sampansampan terbalik,
nelayan dan ikanikan
: sebuah percakapan rahasia
(dalam gulungan limbah).

kautanam bunga,
kautanam kupukupu,
kautanam kumbang dan
matahari.
"jagalah taman ini!," katamu.
jagalah....

1994

NO SPEECHES

you planted flowers
on your tongue.
each day your spittle
and stinking breath
made the garden grow.
dead men and sludge
made speeches through megaphones
and over the radio.

tiny rivers flowed into sentences
(and finally into the sea...)
overturning small boats,
fish and sailors:
a secret conversation
(endlessly shifting sludge)

you planted flowers,
you planted butterflies,
you planted bees
and even the sun.
"take care of my garden", you said.
take care....

1994

TENTANG DUA ORANG TUA

tengah malam tadi, dua orang tua datang menemuiku.
seorang tampak rapuh dan terbatuk. ia bercerita tentang gerilya
dan medan perang. negeri ini dibangun dari puingan tulang
dan darah beku. lebih tiga puluh tahun lamanya. kami berlari
di atas panggung berkaki alangalang. tepuk riuh dan tawa ejekan.
tapi kalian tak mengerti pahitnya merebut kemerdekaan.

lebih tiga puluh tahun lamanya kami membaca kemerdekaan itu.
bukan waktu yang pendek untuk kepurapuraan. tapi ia, orang tua
rapuh dan terbatuk itu, seperti kukuh dengan berlembar catatan
dalam kitab berdebu dan tak terbaca.

seorang lagi kurus dan renta. ia tuli dan bisu. tapi kulihat matanya
bercahaya. ribuan anak panah menghunjam jantung sepiku. tapi ia
berselimut mendung beludru.

dua orang tua itu berjalan berdampingan. ada jalan menuju
banyak arah. mereka menuju kabut. gelap dan meraba cakrawala.
aku rindu pada si kurus dan renta, yang tuli dan bisu itu,
sebab aku tahu jalan lain dalam berkelok gang di pandang matanya
yang matahari.
ia diam dan merawat kesabaran dengan rumput gelisahnya.

kutunggu ia kembali pulang
meninggalkan sahabat karib, meninggalkan kesetiaan
meninggalkan kabut dan cakrawala kosong.

jakarta, 1999

ABOUT TWO OLD MEN

late last night, two old men came to see me.
one was frail and coughed a lot. he had been a guerilla
and told me of many battles. thirty years ago.
this country was built from shattered bones and dried blood.
we ran across the stage, barefoot through the coarse grass,
clapping our hands and laughing loudly at each other.
but you wouldn't understand how hard it was to fight for freedom.

over thirty years ago we reclaimed our independence.
a long time to tell lies. but he, the frail old man
who coughed a lot, stood proudly with his many pages of notes
in a dusty old book which no one could read today.

the other man was thin and stooped. he was deaf and dumb. but
i could see that his eyes still shone. thousands of arrows rained down
on my silent heart. but he was protected by his cover of velvet mist.

the two old men walked together, side by side. the roads
led in many directions. they walked into the fog. the dark. reaching
for the sky. i felt sorry for the thin, stooped man,
who was deaf and dumb, because i knew he could see
other winding roads filled with sunlight. he was silent
and used the grass of his restlessness to mend his patience.

i waited for them to come back.
to leave their friends. to forget their allegiances.
to forsake the mist and the empty sky.

jakarta, 1999

INDONESIA, SUATU HARI

sebuah siaran radio, pagi, dan korankoran di meja
: tak kudengarkan dan tak kubaca. dering telepon
dan suratsurat.
lalu cermincermin kupecahkan.
kubakar buku alamat dan kartu nama.

hidup dari matahari ke kegelapan.
dari bangun ke dunia mimpi.
menjadi berbaris catatan membosankan.
berlembar sampah yang menggoda untuk dibuang.

hidup yang sesungguhnya adalah mimpi yang lugu.
begitu singkat dan menggemaskan. atau ketakutan
yang aneh dan menggelikan.

tapi dunia yang kau huni
adalah kesadaran yang menyesakkan
lalu menjadi sesobek kisah
yang kurang menarik untuk didongengkan.

nopember, 1998

ONE DAY IN INDONESIA

a radio broadcast, morning, newspapers on the table:
i heard nothing, read nothing. the telephone rang
the postman came.
then i broke all my mirrors
i burnt my address books and my business cards.

life moved from sunshine to shadow.
from wakefulness to the world of dreams.
forming boring lines of notes.
pages of trash not worth keeping.

life was a simple, plain dream.
short and filled with troubles. strange
fears, foolish deeds.

you were aware of almost nothing
in the world where you lived
your life was a brief tale
which interested no one.

november, 1998

JAKARTA, SUATU HARI

jakarta, suatu hari
adalah wajahku yang tanggal
dan menggeletak di antara
luka dan sampah.

aku bercermin pada hati nurani
yang suwung.
mencari diri yang hilang
bertahuntahun.

jakarta, suatu hari
adalah tanah jiwa yang becek
dan rumah nurani yang ngungun.

jakarta, 1998

ONE DAY IN JAKARTA

one day in jakarta
i took off my face
and wandered among
the wounds and the rubbish

i was reflected
in blank consciences of its people
who had spent years
searching for themselves

one day in jakarta
the slimy land of the soul
the desolate houses
bereft of conscience.

jakarta, 1998

BIOGRAPHICAL NOTes

DOROTHEA ROSA HERLIANY was born in Magelang, Central Java in 1963. After graduating from the Indonesian Language and Literature Faculty of Sanata Dharma Catholic University in Yogyakarta, she worked for several years as a journalist and freelance writer. Beside poetry, she has also written short stories, essays, and art and drama criticism. Her writings have been published by the major magazines and newspapers in Indonesia.

Her books include *Nyanyian Gaduh* (Noisy songs), *Matahari yang Mengalir* (The Sun Flows like a River, 1990), *Kepompong Sunyi* (The Lonely Cocoon, 1993), *Nikah Ilalang* (Married to the Grass, 1995), *Blencong* (Oil Lamp, 1995), *Karikatur dan Sepotong Cinta* (Caricatures and a Slice of Love, 1996), *Mimpi Gugur Daun Zaitun* (Dreams of Falling Olive Leaves, 1999), *Kill the Radio: Sebuah Radio Kumatikan* (2001), *Life Sentences: Selected Poems* (2004) and *Santa Rosa / Saint Rosa* (2005). The volume *Saint Rosa* received the prestigious Khatulistiwa Literary Award for Poetry in November 2006.

Currently she resides in a small village near Magelang, where she is Director of IndonesiaTera, a non-profit organisation working in the area of social and cultural research, publication, documentation, and the development of information networks relating to culture, education, and social awareness.

HARRY AVELING was born in Sydney, Australia, in 1942. A long time member of the Department of Asian Studies, La Trobe University, Melbourne, he has also taught at various universities in Australia, Malaysia and Indonesia. He has recently served as Visiting Professor of Translation Studies at the University of Indonesia, and as Visiting Professor of Linguistics and Southeast Asian Studies at Ohio University.

Translator of over fifty volumes of Indonesian and Malay Literature, he was awarded the Anugerah Pengembangan Sastra in Kuala Lumpur in 1991, for his contributions to the international recognition of these two literatures. His recent works include *Secrets Need Words: Indonesian Poetry 1966-1998* (2001), *Life Sentences* (2004) and *Saint Rosa* (2005). His co-translations of eighteenth-century devotional Hindi poetry include *The Brightness of Simplicity* by Sahajo Bai (2001, with Sudha Joshi) and *The Songs of Daya Bai* (2005, with Peter Friedlander).

LINDA FRANCE lives close to Hadrian's Wall at Stagshaw, Northumberland. She has a family connection with Wallsend, which she also explored. Her work appears regularly on radio and television. She gives regular readings in the UK and abroad, and
teaches creative writing with Adult Education and community groups. She has had five collections of poetry published by Bloodaxe Books, and has been involved in several text-based Public-Art commissions in the North East.

Also available in the Arc Publications
'VISIBLE POETS' SERIES
(Series Editor: Jean Boase-Beier)

No. 1
MIKLÓS RADNÓTI (Hungary)
Camp Notebook
TRANSLATED BY FRANCIS JONES
INTRODUCTION BY GEORGE SZIRTES

No. 2
BARTOLO CATTAFI (Italy)
Anthracite
TRANSLATED BY BRIAN COLE
INTRODUCTION BY PETER DALE
(Poetry Book Society Recommended Translation)

No. 3
MICHAEL STRUNGE (Denmark)
A Virgin from a Chilly Decade
TRANSLATED BY BENTE ELSWORTH
INTRODUCTION BY JOHN FLETCHER

No. 4
TADEUSZ RÓZEWICZ (Poland)
recycling
TRANSLATED BY BARBARA BOGOCZEK (PLEBANEK) & TONY HOWARD
INTRODUCTION BY ADAM CZERNIAWSKI

No. 5
CLAUDE DE BURINE (France)
Words Have Frozen Over
TRANSLATED BY MARTIN SORRELL
INTRODUCTION BY SUSAN WICKS

No. 6
CEVAT ÇAPAN (Turkey)
Where Are You, Susie Petschek?
TRANSLATED BY CEVAT ÇAPAN & MICHAEL HULSE
INTRODUCTION BY A. S. BYATT

No.7
JEAN CASSOU (France)
33 Sonnets of the Resistance
WITH AN ORIGINAL INTRODUCTION BY LOUIS ARAGON
TRANSLATED BY TIMOTHY ADÈS
INTRODUCTION BY ALISTAIR ELLIOT

No. 8
ARJEN DUINKER (Holland)
The Sublime Song of a Maybe
TRANSLATED BY WILLEM GROENEWEGEN
INTRODUCTION BY JEFFREY WAINWRIGHT

No. 9
MILA HAUGOVÁ (Slovakia)
Scent of the Unseen
TRANSLATED BY JAMES & VIERA SUTHERLAND-SMITH
INTRODUCTION BY FIONA SAMPSON

No. 10
ERNST MEISTER (Germany)
Between Nothing and Nothing
TRANSLATED BY JEAN BOASE-BEIER
INTRODUCTION BY JOHN HARTLEY WILLIAMS

No. 11
YANNIS KONDOS (Greece)
Absurd Athlete
TRANSLATED BY DAVID CONNOLLY
INTRODUCTION BY DAVID CONSTANTINE

No. 12
BEJAN MATUR (Turkey)
In the Temple of a Patient God
TRANSLATED BY RUTH CHRISTIE
INTRODUCTION BY MAUREEN FREELY

No. 13
GABRIEL FERRATER (Catalonia / Spain)
Women and Days
TRANSLATED BY ARTHUR TERRY
INTRODUCTION BY SEAMUS HEANEY

No. 14
INNA LISNIANSKAYA (Russia)
Far from Sodom
TRANSLATED BY DANIEL WEISSBORT
INTRODUCTION BY ELAINE FEINSTEIN

No. 15
SABINE LANGE (Germany)
The Fishermen Sleep
TRANSLATED BY JENNY WILLIAMS
INTRODUCTION BY MARY O'DONNELL

No. 16
TAKAHASHI MUTSUO (Japan)
We of Zipangu
TRANSLATED BY JAMES KIRKUP & TAMAKI MAKOTO
INTRODUCTION BY GLYN PURSGLOVE

No. 17
JURIS KRONBERGS (Latvia)
Wolf One-Eye
TRANSLATED BY MARA ROZITIS
INTRODUCTION BY JAAN KAPLINSKI

No. 18
REMCO CAMPERT (Holland)
I Dreamed in the Cities at Night
TRANSLATED BY DONALD GARDNER
INTRODUCTION BY PAUL VINCENT